鯰になりたかった少年は

心を揺さぶる校長講話

酒井 克

まつやま書房

まえがき

昔（昭和25年頃）、少年は母に問うた。「お母さん、なぜ地震は起きるの？」母は答えた。「地下に大きなナマズがいて、暴れたから地面が揺れたんだよ」「ふう～ん、ナマズってすごい力があるんだなあ」と思った。同時に、大きな力に対する憧れと、畏敬の念を抱き、台地を動かせる力を持ちたいと思った。

なおも少年は「お母さん、そのナマズ、どれ位大きいの？」「何を食べてるの？」たて続けに聞いた。明治生まれの母は、それ以上、答えなかった。

やがて少年はプレート・テクトニクス理論を学び、マグニチュード（震源の規模）と震度（揺れの大きさ）の関係を科学的に教えていた。しかし、教え方に気を取られ、いつしか母との会話を忘れていた。

先日、知り合いと話したとき、彼（女）らが通った中学校の校長の名前を聞いた。すると異口同音に「覚えていない」と言う。「エッ？」私は愕然とした。「校長とはそんなものか」と思った。やがて、気を取り直し、〝校長はナマズ〟と考えれば、それで良いのではないか。

校長（講話）をいつまでも憶えてもらおうなんて、無理な話だ。動かせなくても、聞く人たちの心を揺さ振るのが仕事。それができれば役目は十分果たしたと言える。

苦しいこじつけかもしれないが、当時の少年は、別の意味でナマズになれたと自負している。単なる気負いだけなのかも知れない。

◆この本の主な内容の基となった私の実践

①校長は講話にかける

全校朝会の講話は一ヶ月前には構想をねり、ノートに下書きをする。数日前にはその要点を半紙にまとめ、それをＡ３に拡大する。理由はＡ３の西洋紙より和紙は墨が滲んで上手に見えるからである。

書き上がったものは職員数だけ印刷し、前日に「明日の全校朝会の要点です」と言いながら、全職員の机上に配布する。担任には講話の後、教室の前面に掲示をお願いした。

校長の任期中12年間ずっと続けた。この意志の固さと継続力に「自分で自分を褒めてやりたい」と思う。毎月、全校朝会の要点を宣言して掲示物にするのはきつかったが、自分で決めたことならできる。

ここまで徹底すると教師たちは「全校朝会の時間をくれ」とは一度も言って来なかった。自分でもいい加減なことは出来ない。

全ての講話に同じことを言わない。私の計画帳には三年から五年先まで、講話の月別予定がメモしてある。一度使用した内容はすべて消去した。

②講話の準備

「どうしてこれだけの多くの講話文が書けたのか」という疑問が湧く人もいると思うので、付け加えておく（実際はここに掲載した量の十倍の記録がある）。

（イ）普段から、思いついたこと、人の話から感じたことをレシートにメモしておく（ウォーキング、食事、トイレ、会議、テレビ視聴など。通勤の運転中は車を寄せて書き留める）。

（ロ）話を始める前に、小型テープレコーダを胸に入れて、終わってから聞き、ノートに清書する（これは自分の話し方を聞くことが出来、人前で話す反省にすることができる）。

（ハ）やがて、テープレコーダはビデオカメラに変わり、式辞や全校朝会など全てビデオカメラで撮影した。校長室に戻ると、自分の話す姿を研究した。

講話している様子を見ることは、自分を客観的に見る絶好の機会となる。

何度もやっているうちに、松中時代のＰＴＡ会長（大内進さん）を思い出し、一歩でも近づけられるよう研究した。彼は私が出会った人の中で最も演説が上手であった。話は内容だけでなく、間の取り方、抑揚、常に聴衆全体を意識した自信の笑みを浮かべ話していた。

私はいつも大内さんをイメージしながら話した。彼は大学時代、関東大学弁論大会の優勝者だったという。その時の第二位が後の総理、海部俊樹。しかし、そのレベルには達しないまま、私は校長生活を終えた。

③講話は何時も新鮮に

校長も任期が長いとマンネリ化しがちであるが、最後に小学校に勤務させてもらえたのはありがたかった。小学校は教育の根本であり、何時も新鮮でいるためにも、同じことをしない、話さない等、話の中身や切り口を変えて話せることは新しい生きがいになったからである。

④全校朝会を聞く生徒の隊形

全校朝会はもちろんであるが、体育祭のときは行進から背の低い生徒を前にした。しかし、体育祭は背の高い人を前にして行進するのが当たり前、そのほうが格好良いと信じている人が多い。

しかし、考えても見てください。数分の格好良さと、校長の講話とどっちが大切か。顔も見えない人たちに話の内容が正確に伝わると思いますか？　校長が話している間、後ろの子どもたちが足元に絵を書いたり、話をしたりしている姿を誰もが見たことがあるだろう。話す人と視線が合えばそういう生徒はいなくなる。それが証拠に私の講話中に、地面に落書きをしている生徒は全くいませんでした。

しかし、一校だけ体育教師が期待通りに動いてくれなかった。彼らは校長になった時、背が高くて一番前の人にだけ話をするのだろうか。形より、校長（教師）の指導方針を徹底することこそ大切と考えないのだろうか。

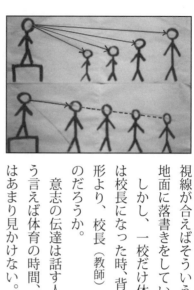

意志の伝達は話す人と聴く人の目と目が合ってこそ、成り立つ。そう言えば体育の時間、背の低い生徒を前にして話をしている体育教師はあまり見かけない。

⑤小学校勤務時代の生きがい

朝の打ち合わせや放課後の会議がない日は校門での挨拶だけでなく、自転車で児童を迎えに行ったり、送って行ったり、仕事は際限なく増えた（動かない大物校長が見ればまるで〝右往左往〟しているように見えただろう）。

⑥掲示板の活用と毛筆指導

校長就任、二年目からは毎月、掲示板に〝今月の詩〟、模造紙1〜2枚を掲示する。もちろん筆で書くのだが、当時の霞ケ関西中学校教頭〝石井茂さん〟には遠く及ばない。彼のレベルを目指して、時には何度も書き直す。納得の行く作品ができることはなかった。

上野台中学校からは書き初めの時間、各教室を回り生徒一人ひとりに朱墨で手本を書いて見せた。小学校に移ってからは毎年三百名以上に朱墨で書き初めの手本と児童の氏名を一人ひとり書いてあげる。児童は学年と氏名を太筆一本で書く私の姿を見て、とても感動してくれた。

⑦一人ひとりを大切に（この項は教諭のときのこと）

教師がもっとも頻繁に使う言葉が〝一人ひとり〟である。しかし、これほど〝言うは易しく、行なうは難し〟という言葉はない。40人学級で、50分間に一人ひとり教師との対話の場を作り出すのは至難の業である（これを実現するために私は授業中に思いつく一般的な工夫は全て試した）。

授業をどう進めたら、各人に目が行き、一回は発表の機会が与えられ…。しかし、それは無理だった。止むを得ず、補助的に、授業以外で実施したことを列挙する。

・授業を終えて職員室に戻ると、記憶が新しいうち、いまの授業で発表させた人、会話をした人を名簿で確認し、一週間のうちに全員との交流ができたかを記録に残した。出来なかった人には世間話だけでもするよう心掛けた。これを担任のクラス以外（5クラス）でもするのは大変な事であった。

・自然観察ノートは一学年全員の観察結果を毎年、自作の冊子に載せられるよう指導した。標語も掲載されない人が出ないよう指導し、全員を解説本に掲載した。これを続けた結果が〝自然観察かるた〟なのである。

⑧私の教育理念

・〝環境が人を作るが、その環境を作るのは人〟である。このため、出勤する時間はさらに早まった。校舎内、10箇所に花を飾り続けたからである。前日、家にある花と土手や空き地の草花を準備しておく。（ちなみに私の華道の流派は池坊である）

飾るには一時間以上を要した。花がない季節には自作の写真（花、風景、地層、火山）を飾った。全て一週間で切り替えた。月曜の朝と金曜の夕方は忙しかった。

・コンクリート校舎の3～4階は暑い。前日の暑さが残っているときは誰よりも早く廊下と教室の窓を開け、涼しい空気を入れた。

私の実践を人に話すと「次の人にどう伝えていくのか。」という質問が必ず来る。私の答えは「そんな事を言っていたら、何も出来ない」。その時どきで良ければそれで良いのである。生徒や心ある教師は「大変ですね。」とか「いつもありがとうございます」と言ってくれる。教師でもそれが言える人と言えない人の差は大きいと感じた（その言葉掛けができるのは、児童生徒にもできる教師の証明だからである）。

目次

白山中学校時代 …… 125

吉見西小学校時代 …… 153

霞ヶ関西中学校時代

どちら様ですか

朝の職員打ち合わせ　'95年4月12日

昨日（4／11）の放課後、部活巡りを始め、剣道場の隅で活動の様子をジーッと見つめていた。すると、女生徒が近づいて「どちら様ですか？」と言われる。

（感想①最近は不審者がいるので、ジーッと生徒を見つめている人に対して、部員の代表が問いかけるのは素晴らしい。）

（感想②校長とは「その程度の存在なのか」という衝撃を受ける。）

一昨日（4／10）に入学式をやったのに、服装が違うとは言え、前日の声をかけられた内容が内容だけに今朝（4／12）から校門に立ち、生徒と先生方全員に挨拶を始めました。生徒の表情も挨拶も良く、日頃、皆さんの指導の賜物と感謝しております。

なお、先生の中に、二名だけシートベルトをされていない人がおりました。〝シートベルトをする〟という行為は「これから運転をするぞ」という自覚と、事故を起こしたとき、互いの被害を軽減させます。もし自分に万が一の事が起きた場合、相手の家族も不幸にします。

酒気帯び運転をしないこと、シートベルトは必ず付けること、この2つの習慣を身につけましょう。

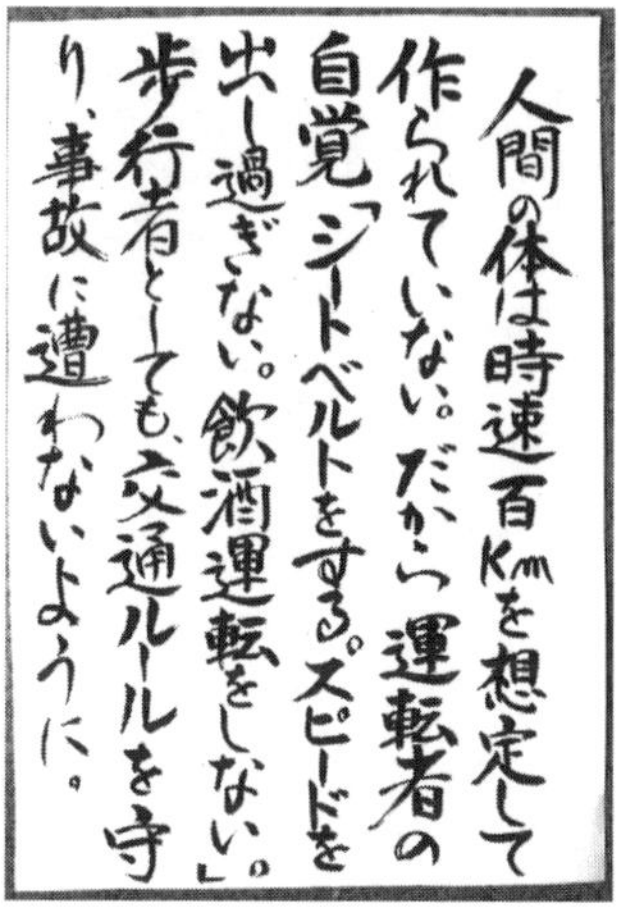
人間の体は時速百kmを想定して
作られていない。だから運転者の
自覚「シートベルトをする。スピードを
出し過ぎない。飲酒運転をしない」。
歩行者としても、交通ルールを守
り、事故に遭わないように。

追加：〝どちら様ですか〟事件をきっかけに、校長のあり方を考えさせられる。「いつでもどこでも、いつまでも記憶に残る校長」でなければならない。そのことを意識した時「校長講話は心に響くものでなければならない」。それには「誰もが真似のできない形式と自分にしか話せない内容でなければならない。歩くときは常に堂々と、颯爽と歩かなければならない」を意識して生きようと思った。

先日（退職して8年後）知り合いに声をかけられた。「百メートル先なのに酒井さんが歩っているのと気付きましたよ」。何時も心掛けていたことがすっかり身についたのだなと思い、嬉しかった。

（注：以後、漢数字と算用数字が入り交じりますが、その場に応じて使い分けしています）

自作の応援旗

川越市学校総合体育大会

'95年4月25、26、27日

新学期が始まると間もなく学校総合体育大会が始まった（この年は4月25日、26日、27日）。一般的に校長は静かに各会場を回り、指導教師への慰労と生徒へ励ましの言葉掛けをする。私はそれだけでは飽き足りなくて、何日か前から応援旗（模造紙または書き初め用紙数枚に、筆で応援旗を書いて準備）を会場に掲示し、霞西中生に声と文字で応援をしてまわる。

応援旗の文字

ファーストサーブだ、粘れ、チャンスだ、スマッシュだ
霞西ソフトテニス部

霞西中は一球の大切さを知っている
々

ボールを追え　食いつけ　走れ盗塁だ
霞西野球部

コートは追えば取れる
大きさに作られている

剣の道は円である

耐えて反撃　　　　　　々
走れ、パスだ、シュートを決めろ　　霞西サッカー部
粘れ、チャンスだ、スマッシュだ　　霞西バドミントン部
メンだ、コテだ、ドウをとれ　　霞西剣道部
積極果敢　目にも留まらぬ速攻　耐えて反撃　々
今年の霞西は速いぞ　電光石火　　々

パスだ、シュートだ、速攻だ　　霞西バスケット部
フットワークだ、拾え、打て　　霞西卓球部
拾え、チャンスだ、スパイクだ　　霞西バレー部
走れ、飛べ、今年の霞西は速いぞ　　霞西陸上部

注：「剣道の道は円である」。この言葉は宮本武蔵の「五輪の書」にあるもので、剣道部の人たちには日頃から「剣の道は円、どこまで行っても基本の繰り返し」と説明してある。

教師の生きがい

霞西中、校内研修会始めの言葉 '95年5月1日

今日は本年度最初の校内研修会です。教育公務員特例法に『教師は研修しなければならない』とあります。嫌な文ですね。「しなければならない」と表現すると義務になります。強制です。私はこういうふうに言われると、意欲が無くなる質《たち》なんです。

教師は教える（as a teacher）だけでなく、学ぶ者（as a student）としての気持ちを持っていなければ良い教師にはなれないと思います。学生時代に学んだ知識を吐き出すだけで、一生無難に生きて行く。それで面白いですか。

As a student（学ぶ者）としての向学心があれば、毎日〝攻め〟の授業ができる。生徒たちからも「あの先生はなにか持っている」と尊敬の念を持たれます。それだけで同じことを教えても成果が出るのです。何にも増して自分自身、毎日が新鮮になります。

要は心の持ち方なのです。極端に言えば趣味だと認識することです。こうすると教材研究も面白くなり、意欲が湧いてくるのです。そういう意味で、今日からは教師としての〝自

分の趣味〟を広げること、今からでも遅くありません。自分の専門教科に研究部門を創ること、プラスワンの特技を育てる研修にしていきましょう。

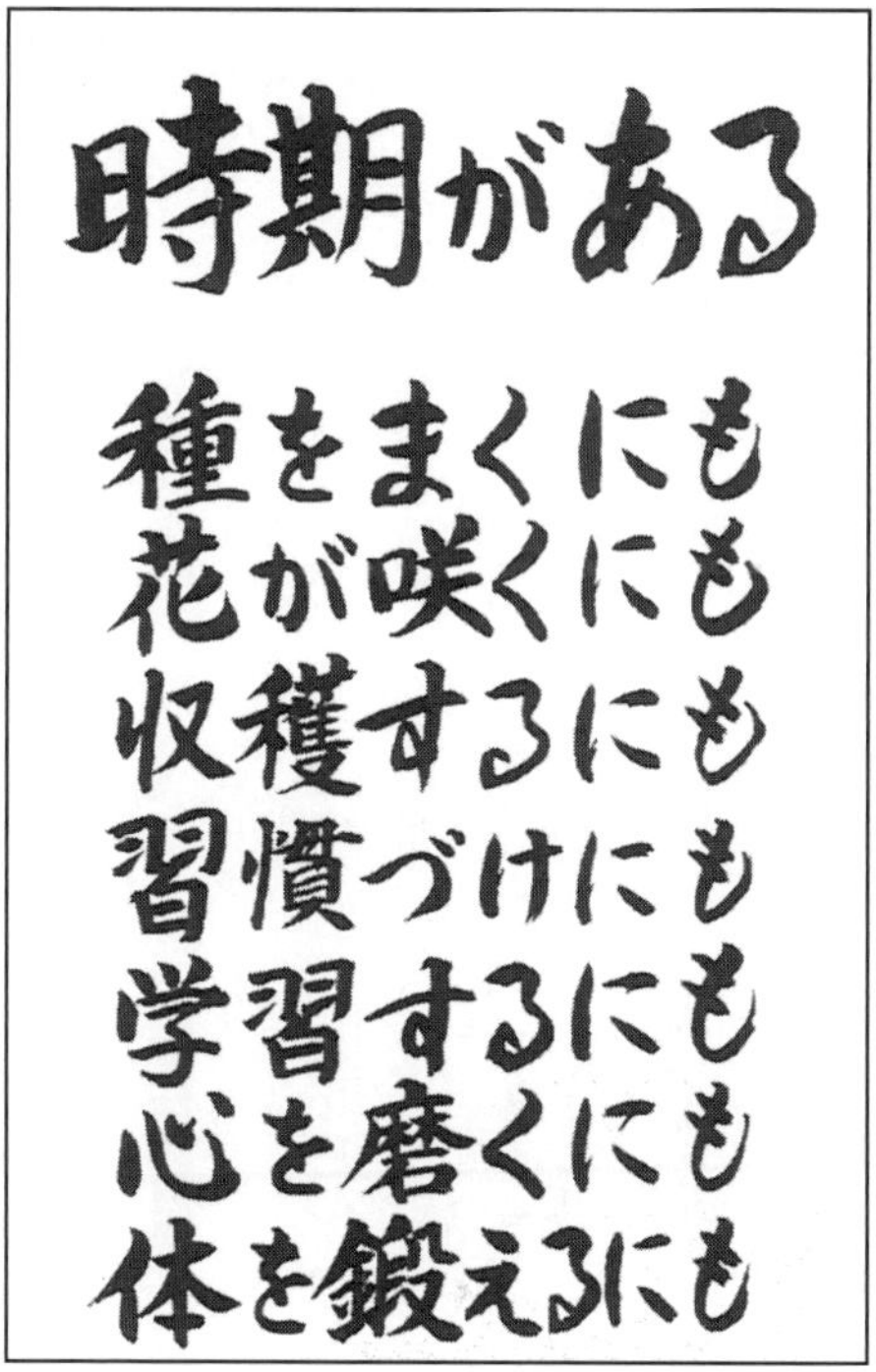
時期がある
種をまくにも
花が咲くにも
収穫するにも
習慣づけにも
学習するにも
心を磨くにも
体を鍛えるにも

豊かな心は笑顔から

始まりは笑顔の挨拶

離任式挨拶（芳野中教頭）　'95年5月9日

この学校に3年勤務し、四月からは市内の大きな中学校に転勤しました。行く前はあまり良くない噂を聞いていましたから、変な中学生がいっぱいいたらどうしようと思っていました。行ってみると予想していたほどではなく、それなりの学校で安心しました。

さて、話を芳野中学校に戻します。皆さんの毎日の挨拶が気持ち良かったですね。さらに笑顔で挨拶ができるともっと良いです。

昔、アメリカの大統領・リンカーンが言ったそうです。「40歳になったら自分の顔に責任を持て」。そうです。今の君たちの顔はお父さんやお母さんの遺伝子で作られているので、かなり親に責任があります。

しかし、大人になったときの顔は自分の心の持ち方で変えられます。口の両側を少し持ち上げて笑顔を作るのです。不二家のペコちゃんを頭に浮かべて（舌は出しません）、ニッコリするのです。その笑顔のことを「アルカイックスマイル」と言います。間違っても〝へ〟の字にはしないでください。

顔は心を表すものですから、心が豊かで穏やかなら柔和になり、笑顔を作っていれば心も豊かになります。ブスッと続ければブスになります。

もう一つ話したいことがあるので時間をください。実は現在の学校では全校朝会のとき、後ろの方でズボンのポケットに手を入れて、背を丸くして【その格好を実演する】いるのが何人かいます。この学校には一人もいません。話す私も気持ちよく話せます。

こういう姿勢【背筋をピンとする】と、こういう姿勢【ポケットに両手を入れ背中を丸める】には大きな違いがあります。目の位置はわずかしか違わないのに前者は視点が高くなり、心が広く豊かで自信が湧いてくるのです。後者は半身《はんみ》で見上げるようになり、心が卑屈になります。

今の皆さんがしている顔の表情と姿勢を20年続けてください。私は断言します。40歳頃、一層素敵な顔と後ろ姿になっているでしょう。

最後になりますが、芳野中学校で3年間、教頭でありながら生徒といっぱい部活ができて、先生や保護者とも楽しい時間を過ごせました。家に帰ったら「こんな素晴らしい子ど

朝だ元気で

♪朝だ朝だよ
朝陽がのぼる
今日も歓喜の
陽がのぼる
みんな明るく
明るく起《た》てよ
朝はこころも
からりと晴れる
あなたも 私も
君等も僕も
ひとり残らず
そら起て朝だ♪

もたちを通学させてくれる保護者と地域の皆さんに感謝していた」とお伝え下さい。

決まりは少ないほうが良い

霞西中校内生徒指導研修会挨拶

'95年5月22日

今日の生徒指導研修会は、本校の先生が一年間、同じ考えで生徒指導に当たれるような機会にしたいと願っています。そのためには「この決まりは本当に必要なのか。」を話し合い、納得した上で指導に当たってください。

世間では「学校の決まりが多すぎる」という声をよく聞きます。しかも「決まりをなくせ」と勝手な主張をするバカな学者先生や団体がいます。我々はなぜ必要なのか、しっかり説明ができるようにすることが必要です。

つまらぬ学者先生は言います。「遅刻は自分が損をするのだから構わない。」そうでしょうか。授業が佳境になり、皆が考えている。そこへガラッとドアが開くと、緊張がプツリと切れ、思考が途切れます。

「髪を眉毛の長さまで」も個人の自由かも知れません。しかし、授業中髪が顔にかぶさっている生徒を見て見ぬふりは出来ません。自転車通学者のヘルメットも非難されます。前任校で私は新聞記事を書いた担当者に手紙を書きました。

「私は芳野中学校の教頭で酒井と申します。『ヘルメットは学校や校長の事なかれ主義で子どもが迷惑をしている』という記事を読みました。しかし数日前、本校の生徒は車のフロントガラスに頭をぶつけられ、田んぼに飛ばされました。フロントガラスにはヒビが入りました。幸いヘルメットのおかげで大怪我を免れました。ヘルメットを否定される記者さんは、そのことについてどうお考えですか」。私は宛名と名前を書いた返信葉書を入れましたが、返事は来ませんでした。

一方、つまらぬ決まりもあります。私ごとになりますが、末っ子は自立心が高く、保育園の年長では着替えや必要な道具はすべて自分で詰めて通っていました。親バカなので「自主性があるなあ」と感心していました。

ところが小学校に行くと、態度がガラリと変わりました。朝、椅子に座って、そっくり返って母親に命令します。「靴下を履かせろ。ズボン、上着…」という具合です。私は「ずいぶんふざけたことを言っているけど、どうかしたの」。

すると彼は言いました。「学校は、あれはだめ、これはだめ」だと言う。「何を着て良いか分からないから、お母さん着させろ」と言う。

その具体例が中学校にあります。衣替えの頃、生徒が汗をダラダラ、鼻汗までかいています。〝人は暑ければ服を脱ぐ、寒くなったら着る〟それで良いのではないでしょうか。つまらぬルールで縛り〝自ら判断して行動する生徒〟が育つと思いますか。（本当は制服も着させたくないのだけれど）

ですから、きちっと守らせたいのなら理由を生徒と保護者に説明して、共通理解ができたら、徹底的に守らせてください。

進化の過程から考えた人間の姿勢

霞西中全校朝会　'95年5月23日

お早うございます。今日は〝歩く姿勢〟について話します。この話は他の校長では聞けない、私が話す全校朝会だから聞ける話です。しっかり見て、聞いてください。

地球上に最初に発生した脊椎動物は魚類、手がありません。水に浮いているときはヒレを少し動かしバランスをとりますが、推進力は尾ヒレだけです。

やがてシーラカンスのように水中を歩けるヒレができてきます。次は両生類、オタマジャクシは尾ヒレで泳ぐだけですが、足が生え、手が生えて四足になります。カエルや爬虫類は手足がありますが、地上で速く動き回ることは苦手です。

さらに進化して、鳥類や哺乳類になります。鳥類は別にして、哺乳類は四足で敏速に動き回ることが出来ます。しかし、手足は体を支える以外使えないので、それ以上進化はしません。

続いて、チンパンジーやゴリラなどの人猿（人に似た猿）が発生します。人猿は二本足で体を支えられるため、手は脳の指示通りに動かせます。しかし、その姿勢は？　という前傾姿勢で、いかにも猿そのものです。

やがて、北京原人やジャワ原人が出現します。猿人（猿のような人）と言いますが、脳は数百立法センチ位になりました。次に現れたのがクロマニヨン人です。彼らは直立し、姿も現代人と区別がつかないようになります。脳も現代人（ホモ・サピエンス）と同じ千五百立方センチになりました。

重い脳を支えるには首から頭が地面と垂直に立てなければ支えきれません。次第に姿勢が真っすぐになり、視野は広く遠くを見渡せるようになりました。それが現代人（今の皆さん）なのです。

【私は人猿（チンパンジーやゴリラ）、続いて猿人（北京原人やジャワ原人）、そして現代人（ホモ・サピエンス）の歩き方を実演する】

さて皆さんは現代の先、二十一世紀に生きます。こういう動きは止めましょう【寒い季節ポケットに手を入れて歩く姿を実演する】。これでは人猿や猿人と変わりがありません。背を丸め、頭を下げて歩くと心までが塞いでしまいます。このように胸を張って、目線を高く遠くを見ましょう。こうするとなんだか自信が湧いてきますね。

皆さんの人生は先が長い。いくつになっても私が実演した姿を思い出し、これからの人生をさっそうと歩んでください。

姿勢《しせい》はその人《ひと》の人生《じんせい》。
寒《さむ》かったら、手《て》袋《ぶくろ》をして、
手を振《ふ》って、胸《むね》を張《は》って、
堂々《どうどう》と歩《ある》きましょう。
勇気《ゆうき》がわいてくるよ。

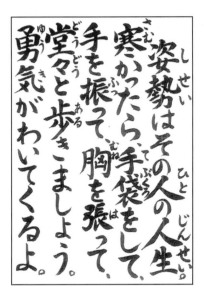

今 仰ぐ空 爽やかに

霞西中全校朝会

'95年6月6日

お早うございます。前回の朝会のとき姿勢の大切さを話しました。これは一・二週間で効果が表れるものではなく、一生をかけて身につけるものです。これからずうっと心がけてください。

さて、今日の話ですが、どのクラスからも合唱の歌声が響いています。職員室にいても、校長室にいても皆さんの歌声が聞こえます。当日のことを考えると心がウキウキします。でも、クラスの中を覗きますと「まだまだ声が出ていないなあ」「ちょっと楽しみ方が足りないなあ」という人が見受けられます。

そこで私からの提案です。歌うときは大きく口を開けて、楽しく、リズムに乗って、しかも笑顔で歌いましょう。見本として、私が本校の校歌を歌ってみます（かなり練習してきたんだ）。

最初はあまり気が乗らない歌い方（うつむき加減に、あまり楽しくない雰囲気）、次は藤山一

郎さんになりきって（理由は後述する）、思いっきり弾んで、楽しく、夢と希望を胸に歌う【マイク無しで独唱する】。（拍手）

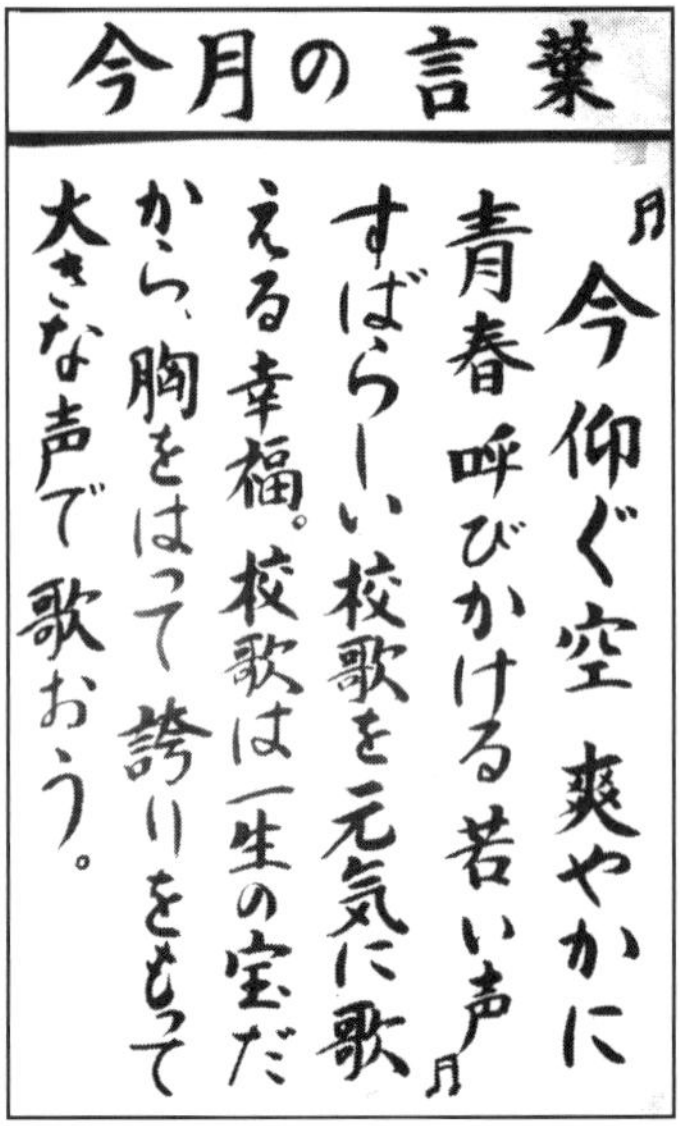
今月の言葉
♪今 仰ぐ空 爽やかに
青春 呼びかける 若い声♪
すばらしい校歌を元気に歌
える幸福。校歌は一生の宝だ
から、胸をはって 誇りをもって
大きな声で 歌おう。

霞西中学校校歌

作詞　風見美樹／作曲　藤山一郎

♪今　仰ぐ空　爽やかに
青春《はる》　呼びかける　若い声
みんな鍛えよ　精神《こころ》と身体《からだ》
緑豊かな笠幡は　漲《みなぎ》る力　匂う土
　僕たちはいきいきと
わたしたちは伸び伸びと
霞西中　健全《すこ》やかに　霞西中
讃えよ　その名♪

こうして歌うと「歌って楽しいなあ」と感じられるでしょう。実はこの曲は三年前、国民栄誉賞を受賞した歌手〝藤山一郎〟さんが作曲したものです。彼は学校の前にある〝霞が関カントリークラブ〟の会員で、時々ゴルフに来ています。その時キャディーをしていた本校の保護者が「霞西中学校には校歌がないんですよ」と言ったところ、快く（ただで）引き受けてくれたという経緯があるのです。

ですから、歌うときは藤山一郎さんになりきって歌うと、リズミカルで、爽やかな気分で歌えます。次からは校歌を歌うときは藤山一郎さんの〝青い山脈〟を歌う姿をイメージしながら、歌ってみましょう。

四隅を磨いてきれいな学校

霞西中全校朝会 '95年6月20日

今日は生徒会で決めてくれた六月の生活目標の話をします。生徒会の生活目標、頭に浮かんでいますか。(間)「美化活動を積極的に取り組もう」ですね【生徒の決めた標語を掲示する】。では具体的に何をすればよいか。最初に浮かぶのが①ゴミを散らかさない、捨てない。②ゴミを拾う。③掃除をしっかりやるなどです。しかし、気づかないのに散らかるゴミもあります。チョークの粉と糸くずです。

掃除のとき、どこが一番汚れているか、どうすれば能率的に綺麗にすることができるかを考えながらすることです。今日の話も私が校長でないと絶対聞けない話ですから、よく聞いてください。

【必要な言葉はマグネットを貼った模造紙に書いて用意してある】

この字「毘沙門天」読めますか？「ビシャモンテン！」(後ろの方の生徒から多数の声)「暴走族のマーク！」そうですね。暴走族のバカたちが自分たちの守り神と勘違いしているのです。

毘沙門天		持国天
	帝釈天	
広目天		増長天

井伊直政		本多忠勝
	徳川家康	
酒井忠勝		榊原康政

柴田勝家		明智光秀
	織田信長	
滝川一益		丹羽長秀

毘沙門天（多聞天）はそんなバカを守るためにいるのではなく、帝釈天という「仏法を守る神」を北方から支える役目を負っています。他の方角には持国天、広目天、増長天がいて、帝釈天を四方から支えます。これを四天王と呼びます。

ついでに家康の四天王は？というと信頼できる力のある武将がいます。一方、信長は明智光秀がいました。彼は素晴らしい才能と先進の技術で天下を統一しましたが、四天王の一人に殺《やら》れました。そういう人を選んだのも失敗の原因ですが、信長があまりにも冷酷だっ

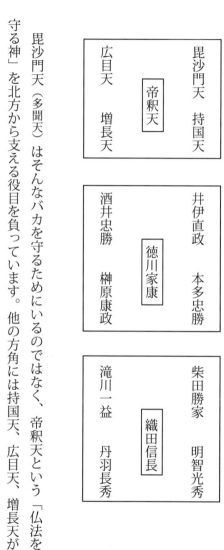

たことにもあります。徳川が二百年以上続いたのとは対照的です。

さて今日は美化の話ですが、体育館の掃除について考えましょう。中央部分はみなさんが活動するだけで綺麗になります。だから、中央部分はほとんど拭く必要はありません。ところがステージの際《きわ》、階段の下、卓球場への階段、準備室など目の届きにくい四隅が汚れます。

校庭についても同じことが言えます。落ち葉など少しくらい散らかっていても汚くありません。やがて土に戻るものだからです。拾わなければならないのはビニール、ストロー、紙など腐らないものや土になりにくいものだけです。

今日の結論「四隅を磨いて学校を守る」。【この標語を演壇に〝サッ〟と下げる】

ネズミは虫歯にならない

霞西中全校朝会 '95年7月4日

昔、私の家の天井裏にはネズミがいました。寝ているとトコトコ走ったり、木をカリカリかじったりする音がよく聞こえました。ときには欄間の上に出てきて、チョロチョロ走り回っていました。対策には猫を飼ったり、出入り口には杉の葉を詰めたりしました。

ところで、ネズミはなぜ、食べ物でもない木をかじっているのでしょうか。（間）そうしないと際限なく歯が伸びてしまうからです。カリカリかじって歯を磨いているのです。だからネズミに虫歯はありません。

（1）人間はなぜ虫歯になるのか。【要点は模造紙に書き、マグネットで貼る準備】
砂糖が良くないのは誰でも分かります。同じように悪いのが加工食品です。パン、お菓子、せんべいなど加工食品は歯に付きやすく、虫歯菌の餌となります。菌は歯を溶かす酸を出します。私の十七歳上の兄は朝磨き、夜はすすぐだけで虫歯は一本もありません。

（2）虫歯は治りますか。

治りません。一度虫歯になった歯は治療しなければ決して良くなることはありません。早く見つけて治療することです。一番良いのは虫歯にならない努力をすることです。

（3）野生の動物は虫歯になりますか。

なりませんが、動物園で飼うと途端に虫歯になると言われます。野生動物は歯がなくなったら死ぬしか道は残されていないからです。

（4）虫歯になったら困ることが起こりますか。

虫歯が多い人は胃腸や体の調子が悪くなるだけでなく、心臓や脳が悪くなり、病気が進行しやすく老化も早まると言われています。

（5）虫歯にならない方法は?

①食後に歯を磨く。
②間食や糖質はできるだけ避ける。
③丈夫な歯をつくるためにCaを多くとる。

最後に、普段は「勉強が忙しい」「部活で行けない」と言い訳を探す人も、夏休み中なら時間はとれます。先日、歯医者さんが歯科検診で本校に来られて言いました。「保護者と生徒のレベルは北辰テストの結果を見なくても分かる。なぜなら、偏差値の高い学校は生徒の歯の手入れが良いからです」。

今日の結論は『夏休み　必ず行こう　歯医者さん』でした【さっと掲示】。

なぜ高校を中退するのか

一・二年生保護者全体会 '95年7月11日

こんにちは！　教室で、今日の暑さを感じられた方はなぜ、夏休みが必要かわかっていただけたと思います（授業参観後の全体会なので）。

皆さんの興味は学力のことだと思いますので、学力を伸ばすにはどうしたらよいか、四つのポイントを話します。

一つ目は「時間を守れる」こと。学校は集団生活、全ては時間を守ることから始まります。夜遅くまで勉強していると、朝起きるのが辛いですが、決まった時刻に起きて、朝ごはんを食べて登校する。学力向上には規則正しい生活習慣と朝ご飯（パンではありません）です。この二つが脳の正常な働きをさせる必要条件です【なぜ、パンはだめで、ご飯なのか、血糖値の上昇で説明する】。

二つ目は「掃除ができる」こと。これまで多くの生徒を見てきましたが、少し位勉強が苦手でも、掃除のできる子は高校を中退しません。現在、高校生活が続けられず中退する冬の掃除は辛い。けれど手は「外に出た脳」。手を使うことは「中の脳」を磨くことになる。修業の前後の掃除は心身を清める。「成功した」と言われる人は掃除を大切にした。

人は、県内で毎年四千人います。表向きは勉強、友達、先生、校風が合わないと言いますが「辛いことはしたくない」という人は高校へ行く資格が無いのです。

そこで、私の作った格言「掃除をサボるからといって高校を中退するとは限らないが、中退した子は中学時代掃除をサボっていた」【格言を掲示】。

三つ目は「聞く耳を持つ」こと。これは単に「先生や親の言うことを無条件に聞け」ということではありません。昔の教育は先生や親の言うことを聞かない場合、ひっぱたいて言うことを聞かせました。学校も親子も戦争も、暴力は次の暴力を生みますから、何とかして説得する訳です。ですから聞く耳を持たない子には教育が出来ません。職場にいる方は理解できると思いますが、聞く耳を持たない社員への教育方法はないのです。

今年国語の授業で
よくなりたいことは

国語が好きになりたい
自分の意見が
言えるようになりたい
いろんなことが
見えるようになりたい
率直な気持を書きたい
詩を楽しみたい
正しくきれいな字が書きたい
全部の漢字が
書けるようになりたい

四つめは服装です。私は25年教員をしています。その間千人近くの生徒を担任しています。高校生活が続くか、続かないかは、毎日の生活を見ていれば分かります。

学校は勉強、修行をするところですから、湘南や原宿に行く服装と同じではいけません。四千人も中退者がいるということは、本校の卒業生も可能性があります。

そうさせないために、堅苦しく感じるかも知れませんが、服装についても目を配っていただきたいのです。お願いします。

研修をいかに楽しくするか

霞西中校内研修、校長のレポート

'95年8月21日

もう、新しい教育感という言葉は使わないようにしましょう。五年過ぎています。その言葉はもう陳腐です。主体的に行動する人間を育てたかったら、まず、自分が主体的に行動しているか自問することです。

自分の授業がどうだったか。うまくいったか、いかなかったか、考えられる理由を必ず記録してください。記録をすれば次の機会には「今度はこうしてみよう。次はああしてみよう」という考えが浮かんできます。自分が目的を持って授業に臨むのは、とても楽しいものです。

昔は〝いやいや教師〟がたくさんいました。チャイムが鳴るとタバコを一服。立ち上がったので教室に向かうのかなと見ていると、今度はトイレに寄るのです。

この様子を見ていると昭和三十年代前半まで、鼻取りといって牛の鼻に金属の輪を付けて無理やり操る耕作方法を思い出します。牛が動かないとムチで尻を叩き、鼻輪を引き働

かせます。そこで牛は頻繁に小便をし、抵抗します。生理的現象なら人間もムチで叩いたり、鼻を無理矢理引っぱったりしません
なかなか教室に向かわないのは、教師の主体性がない証拠です。意欲のある教師はチャイム前に教室に行く。それこそが新しい教育感を持った教師と言えます。

研修についても同じことが言えます。毎年、県教委の官制研修があります。無理やりレポートを書かされて、出席させられて行くのでは成果は上がりません。先程の牛と同じです。

教師自身が本を買って、自分で実践（すなわち、主体的に）してみなければ効果は期待できないのです。県が配布する資料で無理やり、研修させられるのでは意欲も成果も生まれません。研修とは意欲や主体性のないところには育たないからです。

これから言うことは、皆さんには自慢と受け取られるかも知れません。年寄りが過去の自慢をしていると思って聞いてもらって結構です。

十年前、私がソフトテニスの試合でコートにいたとき、県で活躍している偉い先生が近づいて来て「良い研究物を作ったな」と言ってくれ「このまま埋もれてしまってはもったいないから、読売教育賞に応募してみないか」。私は「は？　はい」と返事はしたものの

締切りは一週間後です（三日か四日でレポートなんて書けっこないよ）。そこで私はズルをしました。

霞ヶ西中学校の先生は組合に入ってない人が多いので知らないと思いますが、私が二十代から三十代のとき、埼玉県教職員組合は自主的に教育実践の研究発表会（教研）をしていました。比企地区の組合員はほとんどが土曜日の午後、二週にわたって日頃の教育実践を自主的に発表し合ったものです。

当時、私たちは「非組に負けるな。良い組合員は良い教師である。だから教育実践では負けない」。それが合言葉でした。最初の週が教科の発表、第二週が教科外（道徳、特活など）です。

最初は皆、よく発表していました。やがて文部省や県教委の強制レポートはせっせと出すのに、組合のレポート（何の見返りのないレポート）はすっかり出さなくなりました。私は強制されてするのがとても嫌いなので、毎年、自主的で、なんの見返りもない組合の理科教育と特活や道徳教育のレポートを出し続けました。

誰でもそうだと思いますが、研究発表会に参加しても、人の話を聞くだけでは気分が乗らないものです。眠くなります。サボる人も出てきます。

しかし、自分のレポートを出すと他の人の発表に耳を傾けることができます。眠くなりません。私は数年にわたり、教科と領域のレポートを出し続けました。この数年間が私の教諭生活で最も充実していた時期です。次から次へと新しい試みを続け、それをレポートにして提出するのが楽しみでした。

さて、そのズルとは何だったと思いますか。組合の教研に出していたレポートの表紙とまえがき、あとがきの書き換えです。中身はそっくりそのまま応募したのです。すると、最優秀賞に繋がったのです。

研修とは強制されてするものではないということが実証できました。研究と修養とは自分がするべき内容に向き合って、意欲的・主体的に進め、強制されてするものではないのです。教員は手を抜けばいくらでも抜き続けられる職業です。

自分の教員生活を充実したものにするかどうかは、自分自身の心がけ次第です。皆さんの意欲的な研修を期待します。これが私の言う〝教育感〟です。

今日の話の主題『研修は義務ではありません。趣味で行うもの』です。【提示する】

野球はピッチャー
テニスはサーブ

野球はピッチャー、テニスはサーブ

霞西中三学期始業式

'96年1月8日

あけましておめでとうございます。皆さんの中には「何を改まって」と思う人もいるかと思いますが、日本では新年を大切にする習慣があります。欧米では一月一日は休みになっても二日から仕事があります。三日には学校も始まります。

日本は？というと一日を元旦、三日までを三《さん》元《が》日《にち》、七日までを松の内など呼び、それに合わせたいろいろな行事があります。それだけ一年の最初を大切にしている証拠だと思います。

『一年の計は元旦にあり』という格言もあります。この一年を良くするのも悪くするのも元旦の過ごし方で決まるし、冬休み中に良い計画を立てなさいという意味でもあります。

さて、学校の元旦は今日の始業式です。私は部活動ではソフトテニス部を20年指導してきました。行き着いた結論、すなわち私の作った格言は『野球はピッチャー、テニスはサーブ』です。すなわち勝つためには最初にするものがいちばん大切ということです。これはバレーボールでも卓球でも全てのスポーツに通じます。

皆さんは名栗中学校という名を聞いたことがありますか。全校生徒87名の小さな山村の中学校です。ここの女子卓球部は埼玉県のすべての大会で無敗を誇り、全国大会でもベスト8という輝かしい結果を残しています。

その学校の顧問の先生がインタビューに答えていました。「サーブを一番大事にしています。次にレシーブ、三つ目が一人ひとりの個性です」。

私は「ああ俺と同じだ！」と嬉しくなりました。学校生活とて同じこと。最初が肝心です。皆さんは元日の朝、固く誓ったことがあるはずです。それを今思い出してください。(間)

明日から、とは言わず、今日から実行してください。

心をゆたかにする言葉

霞西中全校朝会 '96年3月12日

〝ゆたかさ〟と言うと皆さんは何を思い浮かべますか？「ゆたか」と辞書を引くと「十分で不足がないこと、豊富、富裕、たっぷり」とあります。これらの言葉が意味するところは物質的な豊かさと考えて良いでしょう。

明治以来、私たち日本人は欧米先進国の物質文明に目を向け、目標にしてきました。結果、20世紀後半になって、物質的にはかなり豊かになることができました。

ところが「衣食足りて、礼節を知る」という諺とは裏腹に「衣食足りて、礼節を忘れる」というマイナスの面が目立つようになってきました。二十一世紀に生きる私たちは物質的な面だけでなく、目に見えなくても〝心のゆたかさ〟

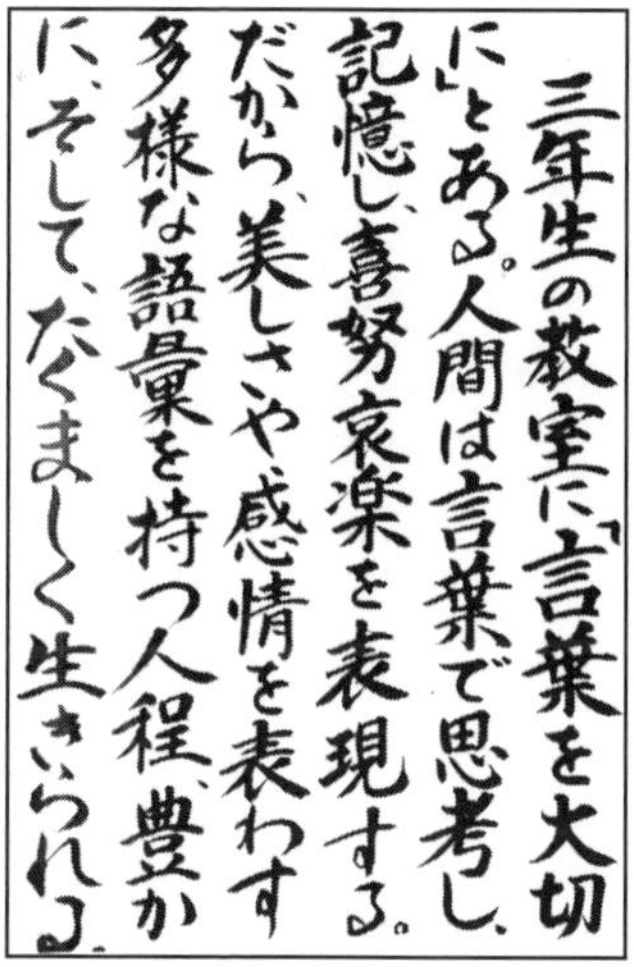
三年生の教室に「言葉を大切に」とある。人間は言葉で思考し、
記憶し、喜努哀楽を表現する。
だから、美しさや感情を表わす
多様な語彙を持つ人程、豊か
に、そして、たくましく生きられる。

について考える必要があります。心のゆたかさは形にはできませんが言葉にはできます。そこでゆたかさを表す語彙（言葉）を挙げてみます。誰もが知っている言葉の頭文字を使って〝オ・ア・シ・ス〟と言われる言葉があります。とても覚えやすいので皆さんも覚えてください。

【定番ですみません。でも出てくる単語はすべてカードにし、マグネットを使って移動黒板に貼って説明しました】

オ：おかげさまで　ア：ありがとう　シ：失礼します　ス：すみません

この4つを上手く使い分ければ日常の生活はスムーズに行きます。他にも「おめでとう。よかったね。どうぞ！（どうぞお先に）はい、私がします」などがあります。相手が気持ちよく受け取ってくれるだけでなく、自分も気持ちよく、清々しい気分になれます。

次は行動面、人の成功には拍手を送り、「おめでとう、良かったね」と言える人になってください。続いて「掃除のできる人」「花を飾れる人」もいいですね。買って来なくて良いですから、庭にたくさん咲いていたら教室にも飾ってください。花を持って玄関を出るとき、すでに心がゆたかになっています。
そして、いつでもどこでも誰にでもできるのが笑顔です。逆のことを続けていると顔や心が逆になっていきます。

【この話をして以後、日曜日に花や絵や写真、鉢物を用意し月曜の朝は一時間かけて、校内の約十箇所に花を飾り続ける】

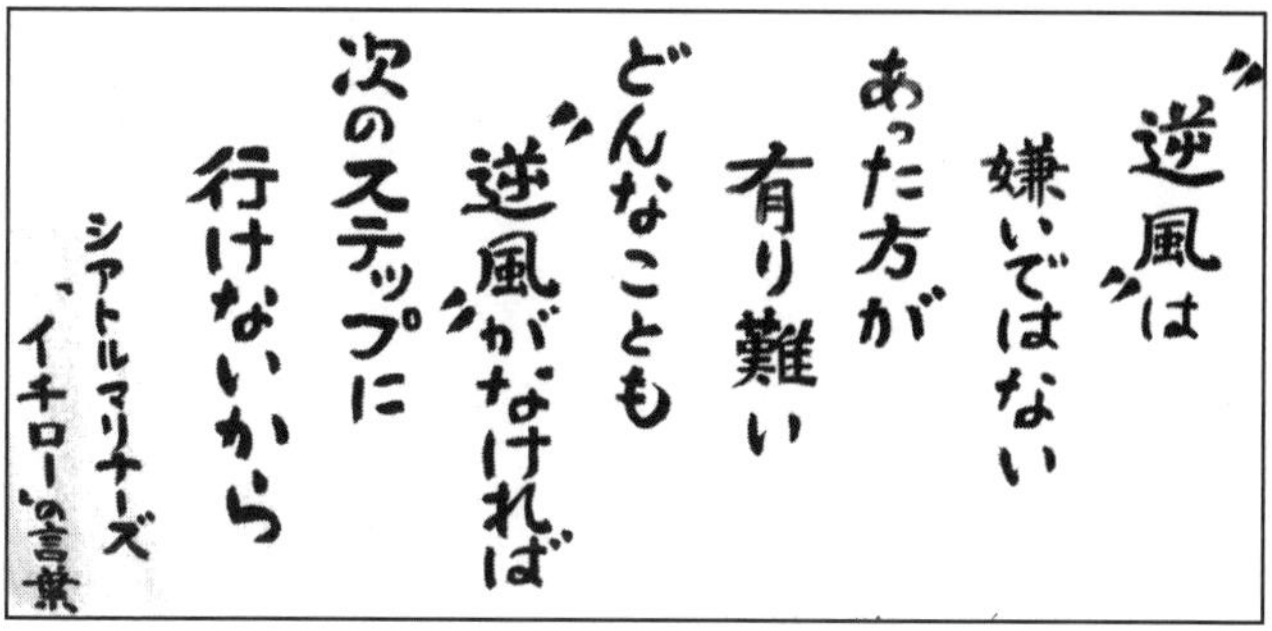
〝逆風〟は
嫌いではない
あった方が
有り難い
どんなことも
〝逆風〟がなければ
次のステップに
行けないから
シアトルマリナーズ
〝イチロー〟の言葉

マツの行列ケムシ

霞西中避難訓練　'96年4月19日

今日の訓練、真剣に参加できましたか？　胸に手を当てて考えてください。（間）真剣とは夢中でやることではありません。常に考えながら行動することです。

さて、皆さんファーブル昆虫記を読んだことがありますか。昆虫の百科事典を見るのが好きな人は多いと思いますが、ファーブル昆虫記は面白いですよ。晩年、彼は昆虫の生活に興味を持ち、仮説を立て次々と実験をしながらその生態を解明しました。

私がもっとも長期間、興味を持って読めた本です。それほど面白いのです。皆さんも一冊は読んでみてください。その中に「マツの行列ケムシ」という項目があります。このケムシは前のケムシの尻を追い、一列になって黙々と進む習性があります。

ファーブルはこの習性を使って先頭を進む一匹をバケツの縁に乗せました。すると虫はぐるぐると縁を回り始め、いつ終わるとも知れない行進を続けたのです。

このケムシたち最後はどうなったと思いますか。何も食べずに延々と回り続けたために体力がなくなり、パニックになったり、死んだりしてばらばらになり行進は終わったのです。

ケムシはなぜこのような行動をとるのでしょうか。それは単なる本能であって考えてする行動ではないからです。皆さんは人間です。中学生です。だから常に考えて行動してください。それでは何を頭に入れて行動すればよいでしょうか。それは（平凡ですが）「お・か・し・も」です。

〝お〟は押さない、〝か〟は駆けない、〝し〟は喋らないです。何年か前、鶴ヶ島の中学校では避難の最中に階段で押された生徒が倒れ、意識不明で入院しました。幸い意識は戻りましたが、大変なことになるところでした。〝も〟は戻らないです。

これには強烈な事件がありました。北海道の会社の女子寮で火災が起こりました。幸い全員が避難できましたが、女子従業員の一人が指輪やネックレスなどの宝石を忘れ、取りに戻ると女性たちは次々と真似をし、悲劇が起きました。この火災で女子従業員が何人も亡くなりました。

宝石はいつか買えるじゃないですか。買えないのは人の命、何があっても絶対戻ってはいけません。「お・か・し・も」頭の中で繰り返してください。

授業は先生だけでは創れない

霞西中全校朝会 '96年6月4日

４月に新学期が始まって以来、いろいろな行事が終わりました。皆さんはいつも真剣に取り組んでいました。立派です。

しかし、学校の主目的は授業です。一年間で千時間の授業があります。この時間が学校生活で一番大切です。そこで今日は授業に取り組む心構えについて話します。

授業とは業（わざ）を授けると書きます【太筆と紙を用意しておく】。これでは先生が一人で行うと考えがちですが、それでは単なる独り相撲、良い授業ではありません。先生には中身のある、生徒一人ひとりを生かす授業をする義務があります。

とは言え、先生も人間です。気分もあります。せっかくやる気になって教室に来ても雰囲気ができていなければ意欲を失ってしまいます。そこで、生徒の皆さんに先生のやる気を引き出す手立てを伝授します【五枚のカードを用意】。

① 着席して先生を待つ。着席もせず、騒いでいては「今日は良い授業をしよう」と意気

込んで来ても、意欲は削がれてしまいます。先生も「少し位遅れて行ってもいいや」そんな気分になってしまいます。

生徒も先生もその時は楽で良いでしょうが、授業数は年間千時間、一時間で五分遅れると、年間百時間の損になります。誰が一番損をするか考えてください。

② 大きな声で「お願いします」と言う。そう言われた先生は「中身のある授業をしないとまずいぞ」と思います。

③ 授業にはその時間の目標がある。礼の後、先生は今日の方針を話します。その時先生の目（話す人の目）を見ましょう。これは肉食動物の目です。肉食動物は獲物を確実に捉えるために、2つの目が前にあります。草食動物とは違います。

先生は生徒から眼を見つめられると「いい加減な授業はできないぞ」と思います。先生から同意を求められたとき納得したら頷くのです。先生は生徒に頷かれるといい加減なことは言えなくなります。さらに眠くならない方法があります。

④ 質問することです。自分の眠気覚ましになり、先生は説明の仕方の不十分さに気づき、生徒の理解も深まります。

⑤ 終わりの挨拶はしっかりする。

皆で「ありがとうございました」とはっきり言うことです。私の経験からこの言葉は先生の胸に〝ズキン〟と突き刺さるのです。「今日の授業はあまり良くなかったな」と反省しているのに、生徒から「ありがとうございました」と言われると心苦しく「次はもっと教材研究をして、良い授業をしなければ」と反省させられるのです。

さあ、今日からやってみましょう。皆が得をする方法です。

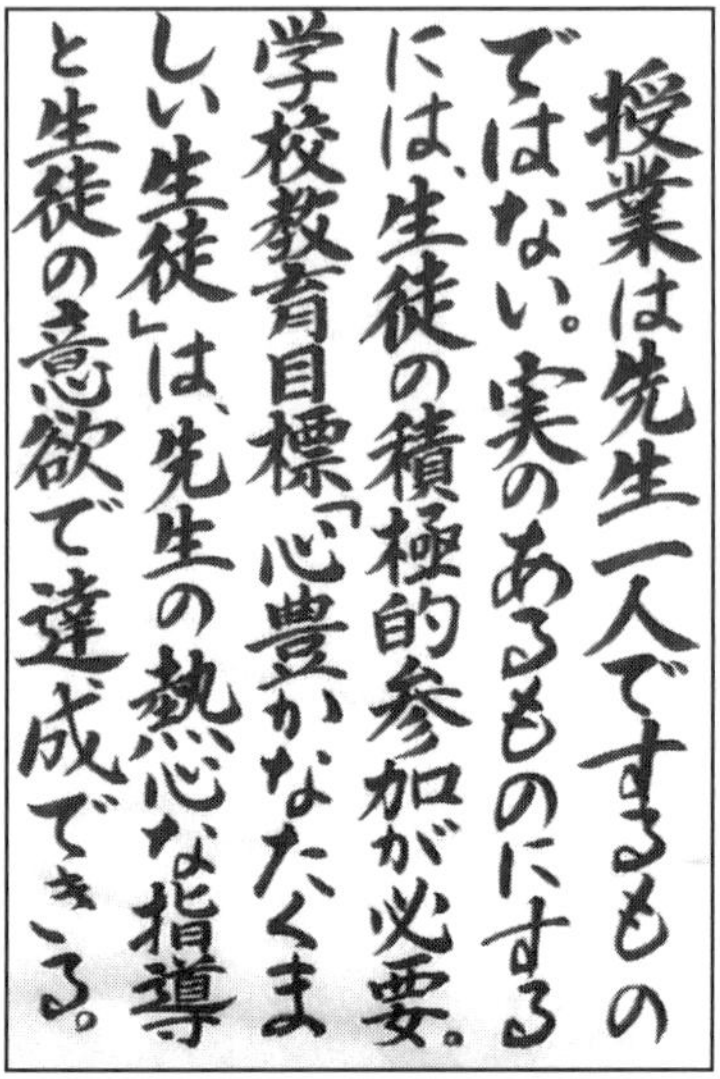
授業は先生一人でするもの
ではない。実のあるものにする
には、生徒の積極的参加が必要。
学校教育目標「心豊かなたくま
しい生徒」は、先生の熱心な指導
と生徒の意欲で達成できる。

注：先生と生徒が〝協働でつくり出す〟という意味を込めているので、単なる作るではなく、創造の創を使って表した字です。

掲示板を見てください

霞西中全校朝会 '96年6月18日

先週の合唱コンクール、素晴らしかったですね。保護者が200名に増えました。見学された方が「こんなに来てくれる学校ってないよ」と言ってくれました。

さて、今日の話ですが、皆さんが登校すると、正面に大きな掲示板がありますね。昨年まで石井教頭先生が良い詩を選んで書いてくれました。彼の書道の腕は埼玉県の先生では間違いなくNo.1だと思います。

私は一年間、隣で彼の筆を持つ姿を学んできました。彼の素晴らしいところは筆を握るときの姿勢（心構え）です。精神を統一し、一気に書きます。自信に溢れ、滑るようにうねるように書きます。私も書道は少し自信がありますが、彼は私のはるか上です。彼には学ぶところが多く、目標にして書きます。

そんな訳で今年は4月から、私が筆を握っています。教頭先生から比べると書道の技術は落ちますが、書く前に何度も練習し、掲示するときは最高のものにして見せようと思い

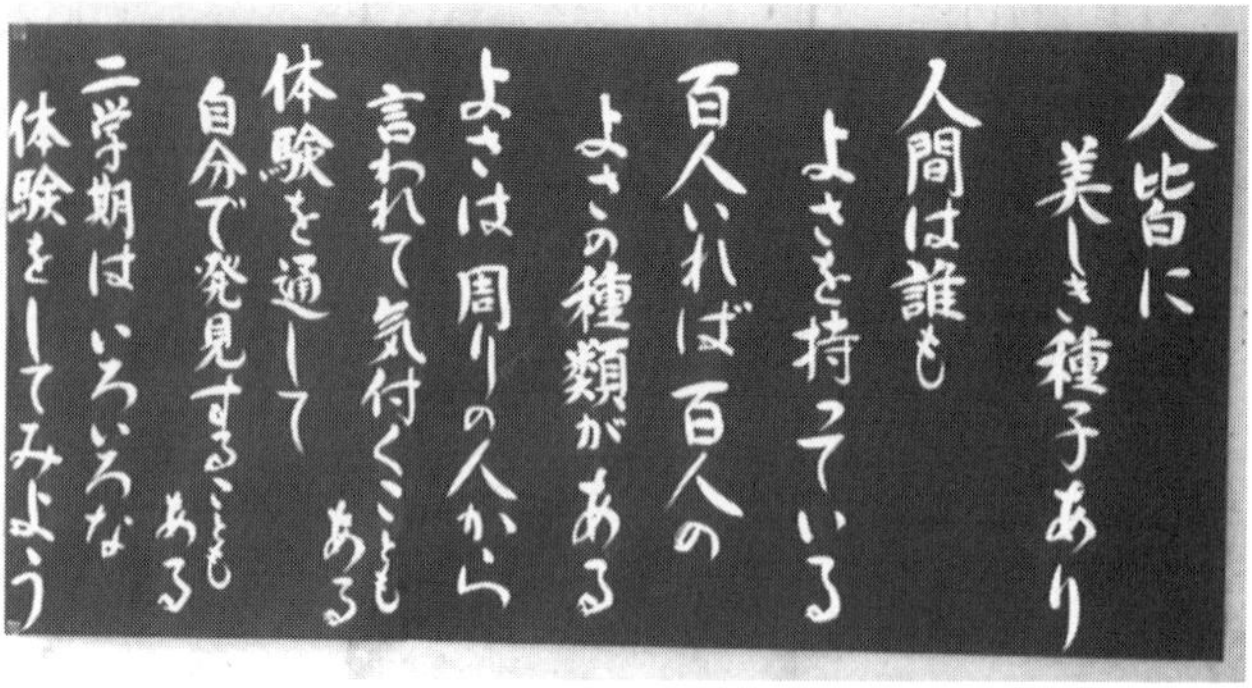
人皆に
美しき種子あり
人間は誰も
よさを持っている
百人いれば百人の
よさの種類がある
よさは周りの人から
言われて気付くこともある
体験を通して
自分で発見することもある
二学期はいろいろな
体験をしてみよう

ます。私は書く度に「ああ、上達しているな」と実感しながら仕上げています。

　登校したとき、注視してください。4月は新学期に寄せる思いの詩を書き、5月は〝味〞「ダイコンにはダイコンの味があり、ニンジンにはニンジンの味がある。私には私の味があり、あなたにはあなたの味がある」という詩でした。

　今月（6月）の詩は〝心のもち方〞「他人の荷物を持って、疲れて損をしたととるか、手助けができて良かったととるか、同じことをしても二つのとり方ができる。他人の事をしてあげられて、良かったと取れば心はそれだけ豊かになっている。心の持ち方しだいで、幸せだともとれるし、不幸せだともとれる」。

　ただし、教訓的な詩ばかりでは皆さんも疲れてしまいます。美しい詩や面白い言葉、有名な歌詞、童謡、教育にかける教師に贈る言葉など〝私の心〞を書いて行きます。

期待しながら待っていてください。

追加：以後、校長を退職するまでずうっと、毎月模造紙1〜2枚に私の心を綴り、校地内で最も目立つ場所や鏡の下を選んで、自由奔放な書を掲示し続けました。数えてはないが大小二百枚程度になります。

「それで効果はあったのか？」と問う人も多いでしょうが、それは分かりません。幸いなことに赴任して、2年目から問題行動を起こして、構内で暴れたり警察沙汰になったり、親を集めて云々ということは一度もありませんでした。

人は外見が大事

霞西中全校朝会　'96年7月9日

今日は〝外見〟すなわち〝らしさ〟の話をします。人はよく「中学生らしさとか、先生らしさ、警官らしさ」などと言いますが、それを決めるのはまず、外見です。

〝外見こそが大事〟という具体例を「形を疎かにして身を滅ぼした中村新兵衛」の例で説明します。摂津国（兵庫県）に松山新介という城主がいました。彼は大和の国（奈良県）の筒井順慶と戦うことになったとき、自分の側室の子に初陣をさせることにしました【自分で書いた緋の鎧の絵を掲示】。

なんとしても手柄を立てさせてやりたかったので〝槍の新兵衛〟に緋（濃く明るい赤）の鎧を貸してほしいと頼んだ。新兵衛は「自分はどうせ強いのだから鎧くらいなら、喜んで」と貸すことにしました。

さて、合戦が始まり、側室の子はそれなりの戦果を上げて凱旋しました。新兵衛は？というと、足軽の鎧で敵に向かって仁王立ちとなり、自信満々「我こそは槍の名人中村新兵衛なり！」と叫びました。

ところが、足軽の鎧姿では誰も恐れません。軽くあしらわれて突き刺されてしまいました。「しまった！」と思ったが、後の祭りです。新兵衛はもともと強かったわけではなく、服装に助けられていたのです。これは人が外見で評価された例です。

警察官も制服を着ないで、ジーパンや作業服など普通の服装では犯人を捕まえられません。犯人に警官だと分からせる服装こそ、逮捕の第一段階なのです。

槍《やり》の名人《めいじん》中村《なかむら》新兵衛《しんべえ》は他人《たにん》に立派《りっぱ》な赤《あか》の鎧《よろい》を貸《か》し、自分《じぶん》はぼろを着《き》て戦《たたか》った。敵《てき》は誰《だれ》も怖《こわ》がらず、殺《ころ》されてしまった。

今度は先生に当てはめてみましょう。教師がみすぼらしく、ラフな服装では生徒や保護者から尊敬が得られません。せっかく良い言葉を述べても低く見られてしまいます。教師の場合は立場にふさわしい言動も大切になります。（全校朝会の話の対象は生徒だけでなく、教師への講話でもあるのです）

生徒も同じです。学校は修行をするところです。言葉使い、仕草、全てが心を磨き、学問

5つのふれあい

1 自然との ふれあい
2 人 との ふれあい
3 本 との ふれあい
4 家族との ふれあい
5 地域との ふれあい

毎日の小さなふれあいの
積み重ねが 大きな
ふれあいとなります。

を究める場所にふさわしい服装が必要です。湘南の海へ遊びに行くのではありません。だらしない服装、Tシャツやサンダルでの登下校では学校に向かう心の準備ができません。

毎日、玄関の敷居をまたぎます。家族に「行ってきます」と言うとき、いつも念頭においてください。

大きな違い

霞西中避難訓練 '96年9月13日

今日は知っているのと知らないのとでは〝大きな違い〟があるという話をします

今から15年ほど前（皆さんが生まれた頃）、秋田県沖地震がありました。海岸では遠足に来ていた小学生100人ほどが亡くなりました。これは引率教師の重大な過失です。私達の学校の一学年全員が亡くなったことになります。

海岸で大きな揺れを感じたら、すぐに海岸から避難しなければなりません。今や常識なのに引率の先生はそれをしませんでした。日本海側では津波は起こらないと思っていたのでしょう。

何年か前、道徳の教科書に載っていたので、覚えている人もあるでしょう。海岸の小さな村の出来事です。その日はお祭りで多くの住民が海岸にいると、これまで経験したこともない揺れがありました。

高台の家にいた庄屋（老人）は大きな揺れの後には重大な津波が来ることを知っていました。そこで大声を出し、村人たちに避難を呼びかけました。ところが祭りに興じている人たちに、その声は届きません。

老人はとっさに高台の自分の家に火を放ちます。家は遠くても火は高く燃え上がり、気づいた村人たちは我先にと庄屋の家に集まりました。その時、海岸に大きな津波が押し寄せてきたのです。人々は全員助かりました。そこの海岸には今でも庄屋さんの銅像が立っているそうです。

関東地方の大地震、直下型地震はこれまで何回も関東周辺を襲っています。その周期は大体70年前後です。前回の関東大震災（一九二三年）からは周期を過ぎています。いつ来るか分かりません。

他にも東海地震、東南海地震、南海地震など、私たちの周辺で大地震が心配されています。「その時どうするか。」家の周辺で、倒れたり、落下したりする危険がある物は何か、日頃から家族で話し合っておきましょう。

ブロック塀も危険です。やはり10年くらい前、宮城沖地震がありました。このとき亡くなったのが15人、その半数がブロック塀の下敷きになったのです。

「知っているのと知らないのとでは〝大きな違い〟がある」。

今日はこの言葉を覚えて帰り、家族と話し合ってください。

化粧について考える

霞西中全校朝会
'96年10月1日

全校朝会で校長が〝化粧について考える〟と言うと「?」と思うでしょうけど、今日も他の校長では絶対聞けない話なので、私の顔をしっかり見ながら聞いてください。

皆さんは七五三の祝いで神主さんのお祓いを受けたことがあると思います。邪気を払って、健康ですくすく育ち、幸せになれるように願った訳です。

ところが、この起源を遡って調べてみると、面白いことが分かります。大昔、インドで神主さんやお坊さんが修行をしていると、顔の前をハエや蚊がブンブン飛び回り、気が散って修行ができない。それを追い払ったのがお祓いの始まりだと言われています。

続いて化粧の起源です。真っ先に思い出すのが口紅。人が死ぬと誰でも血の気が引き、生前の面影もなくなります。そこで少しでも綺麗に見せ、良い印象を残そうと口紅を引き、白粉（おしろい）を塗りました。

アイシャドウはもっと興味深いです。起源は古代エジプトです。数千年前、身分の高い人が死ぬと「魂はいつまでも身体の中にいられるように」とミイラにして保存しました。ミイラ作りには腐敗しやすい脳や内臓は取り除き、綿を詰めることから始めます。ところが、暑い国なので目が最初に腐りだします。そこで塗ったのが防腐剤です。やがて試行錯誤しているうちに、鼻筋には明るい色を塗ると高く見え、目の周辺は暗い色を塗ると、凹凸がはっきりすることに気づいたのです。こうすると目鼻立ちがはっきりした美人に見えました。これがアイシャドウの始まりです。アイシャドウって防腐剤が起源なのです。

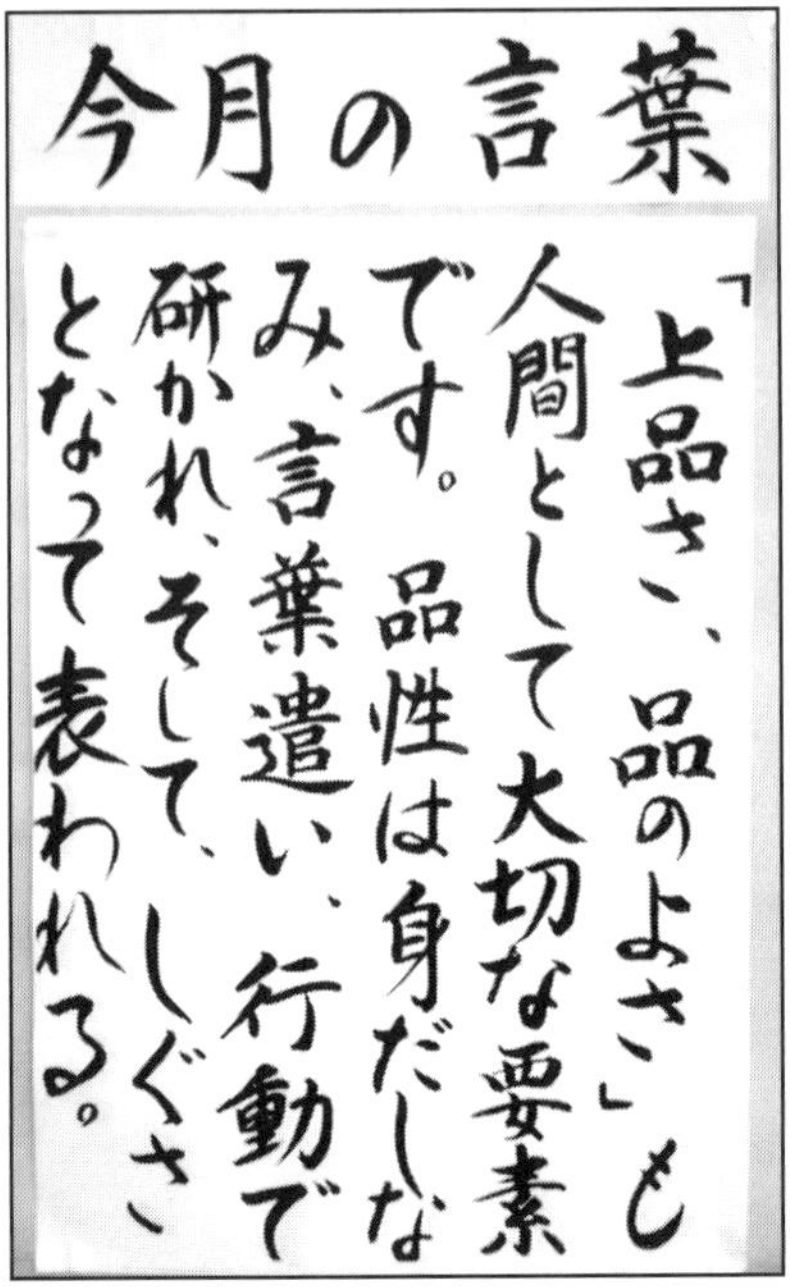
今月の言葉
「上品さ、品のよさ」も人間として大切な要素です。品性は身だしなみ、言葉遣い、行動で研かれ、そして、しぐさとなって表われる。

一方、皆さんの髪はフサフサ、肌はツヤツヤです。肌についた水もコロコロ、プルルンと転がります。親からもらった大切な体は輝いていています。ベタベタと化粧をしたり、口紅（リップクリーム）をテカテカ塗ったりする必要はありません。親から頂いたままで美しい

のです。（ここから話は脱線する）

平安時代、絶世の美女と言われた歌人、小野小町は美貌と歌人としての才能を活かし、名声をほしいままに過ごしました。人生も後半になったとき、次の歌を詠みました。「花の色は　移りにけりな　いたづらに　わが身世にふる　ながめせし間に」という歌です。

【掲示し、簡単に説明】

どうしても塗りたい人はもう少し待ってください。やがて輝きがなくなる年齢が必ず来ます。その時は気の済むまで塗りまくりましょう。

ユニフォームについて考える

霞西中全校朝会　'96年10月14日

いよいよ三年生は三者面談による進路決定、一・二年生は新人戦の時期になりました。普段の力が出るようにしてください。それにはどうしたらよいか（間）。

ここで私は試合で使うユニフォームを練習の時から着ることを提案します。なぜか？バスケットボールで説明します。日頃皆さんはジャージの下に、半袖を着て練習しています。しかし、当日はランニングシャツのような公式のユニフォームで試合に臨みます。ランニングシャツになったら、シュートをする手はなんの抵抗もありませんから、腕はサッと上がります。手の動きの差は普段と1～2㎜違わないかも知れません。しかし、5メートル先のゴールまでボールが飛んでいるうちに、狙ったゴールから数センチの誤差となります。それではシュートが狂います。「練習ではゴールができるのに当日は緊張して」と思うかも知れませんが、ゴールというのはそれほど微妙なのです。

また、相手の選手と自分のチームと入り混じっているとき、その日だけ普段と違うユニフォームではボールを投げるタイミングがずれます。いつものユニフォームなら確認をしなくてもボールが渡せます。日頃から、試合用ユニフォームで練習することがいかに大切か分かるでしょう。

テニスや卓球でも、日頃は長いジャージを履いて練習していて、当日だけスカートを履いたら、足が軽くなるだけでなく、股下に風がスースー入ってきます。これではいつもの調子と微妙に違ってきます。

野球？　皆さんのように前日までジャージで練習していて、当日だけきれいなユニフォーム？　無理です。真っ白なユニフォームを着て出るチームが強いはずはないでしょう。他の競技も皆同じです。

当日だけの服装では勝てない。いつもと同じ服装、同じ気持ち（平常心）で戦うのです。普段の練習と同じ力が出せれば、それで十分です。

頑張ってください。

ツケは君たちに

生徒会立会演説会、指導講評

'96年10月16日

今日の立会演説会を見て、私は感動しました。たったの二年間だけですけど、昨年度の高野さん、一昨年度の浅野さん（生徒会長）を中心とした活動を見てきました。生徒全員が協力する姿と先生の熱心な指導に頭が下がります。これなら本校の生徒会は安泰です。

それでも**Good Better Best**が信条の私は更なる上を期待するので、一言付け加えます。後期の投票は計画がしっかりしている人、これからの活動を盛り上げる人に投票することです。他人に左右されず自分の考えで投票してください。

この学校の生徒会は全然心配がないので、私は国政選挙の話をします。今度の日曜の衆議院は初めて小選挙区制度で行われます。選挙前、若者にマイクを向けると「私は関心がないから」という人がほとんどです。二十代の若者は三十％しか投票に行ってないのです。それで良いのでしょうか。

投票は利益者の代表ですから、皆が行かないと投票に行った人だけの政治になってしまいます。日本の財政は危機に瀕しています。国の借金は国民一人あたり約二百万円です。皆さんのうちが四人家族とすれば八百万円です。あなたの家も、あなたの家【あちこち指をさす】も八百万円ずつの借金をしています。

このまま今の政治が続けば、十年後は一人当たり六百万になると予測されます。【これをまとめている'19年現在、八百万円、一家で三千万円を超えました。例えば収入は六十万しかない家でも、三十万の借金と十万の利息の返済をしながら収入が百万円あるような家計を考えるとよい】

もし、金利が五%になったら、皆さんの家は三千万円の借金を抱えた上で、毎年の利息が百五十万円ずつです。どうするんですか？　これは全て若者の肩にのしかかってきます（年寄りや政治家は先がないから、それまでに死んでしまいます）。政治家は今の支持率、大人は今の生活だけしか考えていません。もっと子供の将来を考えるべきです。

もし日本がヨーロッパにあったら「こんなひどい借金財政の国はＥＵに加盟させません。」と断られます。財政一つだけ考えても、若者が将来を考えなくてはいけないのです。それには投票に行くことです。

現在三年生は公民の時間に小選挙制度を学習しています。しっかり勉強してください。そして、政治に参加してください。どんなに小さな力でも一票を投じなければ政治は変わりません。今日はまず生徒会役員選挙、清き一票を！

反抗期

つい言ってしまうんです
心と反対のことを
ついしてしまうんです
心と反対の態度を
つい顔に出すんです
心と反対の表情を
神様　私の
「つい」を取ってください

王選手がシーズン後にしたこと

霞西中全校朝会

'96年11月5日

先月1、2年生の人たちは新人戦を、文化部の人たちはその発表を終えました。さらに三年生は期末テストが控えています。まさに受験勉強の〝天王山〟に差し掛かりました。それに関連した話をします。

有名人の中で「一番歯を食いしばったスポーツマンは誰か」と問われたら、私は迷わず王貞治監督と言います。彼は現役時代にシーズン55本の本塁打王、三冠王、打点王、首位打者になっています。すごいのは敬遠回数が松井などの比ではないことです。すべての敬遠でまっとうな勝負がしてもらえたら、本塁打の数は100本になっていたでしょう。

そんな彼も結果は順調だったわけではありません。スランプで悩むときは毎晩、納得するまで素振りをしていました。彼の宿舎の畳はボロボロになっていて、使い物にならなかったと言います。

もう一つボロボロになっていたものがあります。歯です。ホームランを打つ瞬間、歯を食いしばるからです。それは野球の選手だけでなく、サッカー選手もロングシュートを打つ瞬間、歯を食いしばっているそうです。

　こうして彼はシーズンを終えると歯がボロボロになってしまいます。秋になると静養を兼ねて歯の治療を受け、来年度に備えるそうです。

　さて我々に話を戻しましょう。皆さん、歯の治療を終えましたか。あと10日後には校内ロードレース大会があります。今年から距離が変わって男子が４㎞、女子も３㎞と長くなりました。練習は万全ですか？　おっと、その前に歯の治療しておいてくださいね。

　長距離走で頑張れる人はもっと長い闘いである受験勉強でも頑張れます。治療をすっかり済ませて、何事も歯を食いしばって頑張りましょう。

今月の言葉

スポーツ選手の笑顔は歯が美しい。イチロー、田村、高橋、中田。なぜだろう。人は集中するとき、歯を食いしばる。だから、良い歯がないと踏ん張れない。「予防と早目の治療を忘れずに。」

丈夫な骨格を作るために

霞西中全校朝会 '96年11月19日

先日のロードレース大会、皆が一生懸命取り組めたので、良い汗が流せたと思います。私も見ているだけでは面白くないので、全員の走っている姿に出会うため、逆さ回りで走りました。自分の学校の生徒が全力で走っている姿を見るのは気持ち良いものですね。

【以後、すべての学校でスターターをした後、逆周りをし、全員の走りを確認、上位入賞者の賞状に筆で氏名を書き続けました。何百人書いたかは記憶にありません】

さて今日の話は「丈夫な骨格を作る方法です【(1)~(4)までカードを用意】。

(1) Caを意識的にとる。

2、3年生は理科の授業で勉強したと思いますが、これはカルシウムの元素記号です。カルシウムといえば小魚の骨を思い浮かべます。今日の話をするために、私は一週間、煮干しを意識的に食べています。

小魚でも一つの命があります。魚の命に感謝しながら、最後まで無駄なく、食べましょう。私はサンマやホッケなどのよく焼けた骨は食べます。何十回もかんでいると骨もドロドロになって喉に刺さる心配はありません。

もう一つは牛乳です。子牛は牛乳だけ飲んで成長するのですから、牛乳には全ての栄養素が含まれていることが分かります。しかも、カルシウムの中で一番吸収が良いと言われています。

寒くなると給食の牛乳を残す人が100人位います。もったいないことです。口の中に入れてよく噛んでから飲み込むと腸にも優しいそうです。

【ここで笑い話をする。松山中学校で担任しているとき、卵の殻はCaで出来ていることを授業で教える。すると楽しい男の子がいて、給食に出たゆで卵をまるごと食べています。周りの友達はあっけにとられ「先生！　K君は殻をむかないで食べている！」。本人「Caを捨てるのはもったいないじゃん！」】

（2）運動刺激が必要

宇宙飛行士の悩みは飛行船の中での無重力。長期間運動を怠ると、帰還したあと骨が弱くなり歩行ができません。運動もやりすぎはかえって骨が弱くなります。マラソン選手や野球のピッチャーは過度の練習で疲労骨折をします。ただし、皆さんがしている程度の運動なら全く心配がありません。

（3）無理なダイエットはしない

男性はより男性らしく、女性はより女性らしくするのが性ホルモンです。年をとるとホルモンが少なくなってきて、骨がスカスカになりやすく、骨折が増えてきます。ところが年を取らなくても不自然なダイエットをしていると、ホルモンのバランスが崩れ、若くして骨がスカスカになってくるそうです。特に女性はダイエットをし過ぎないようにしましょう。

（4）必要なのは太陽光線

太陽の紫外線に当たると体にビタミンDが作られます。紫外線の弱い北欧に住む人々が日光浴をするのはそのためです。適度な紫外線は体に必要です。

ただし、過度の日光浴はしないこと、甲羅干しなどで太陽光を長時間受けると皮膚がやけどをします。皮が剥けたり、しみができたり、最悪の場合は皮膚がんになります。

食事も、運動も、太陽光線もすべて適度が大切です。

愛犬と不良生徒

霞西中、修学旅行の事前指導

'97年2月17日

明日から、三年間で一番記憶に残る旅に出かけます。「思い出は悪いことより、楽しいことのほうが良い」。私の経験を話します。

教頭のとき、校長に代わる引率責任者として、京都へ出かけました。生徒は自由行動だったのですが、その晩報告がありました。男子生徒が万引きをしたというのです。言っておきますが、万引きは窃盗という犯罪です。

それからが大変です。私と学年主任と本人、三人は店への謝罪巡りです。本人に何度も確認をしながら、心の中で「いい加減にしてくれよ。自分のいっときの快感以上に不快な思いをするんだよ」。

もう一つはうちの愛犬、ペロちゃんのことです。この犬は三歳のときから我が家の一員です。飼い主が亡くなったので引き取りました。

躾が全くできていないので、毎日の散歩が大変です。急に走り出したり、どこでも糞尿をしようとしたり、他の犬が近づくと、猛ダッシュして引きずり倒されそうになります。

道ですれ違う時の様子が、問題行動を起こす学校の不良生徒と似ているんです。相手が自分と同じくらいのときにはガンをつけ、様子を窺います。弱そうな相手には飛びかかって行きます。強そうなときは道の反対側を向き、サッサと私を引っ張り、その場から立ち去ります。

これってヤクザの世界？　いや不良中学生そのものです。皆さんは霞ヶ関西中学校を支える生徒です。どこへ行っても堂々と楽しい旅をしてきてください。（生徒の前でこんな話ができる学校経営は気が楽だった）

今の気持ちを大切に

霞西中入学式、始業式 '97年4月8日

新入生、そして保護者の皆さん、入学おめでとうございます。また、2・3年生の皆さん進級おめでとうございます。

中学校の入学式・始業式がどれほどめでたいのか、誰もが話題にしたことがなかった私だけのお祝いの言葉を述べます。

皆さんは13年前、お母さんのお腹の中に誕生しました。その時は1㎜にも満たないたった一つの細胞でした。それが9ケ月後には約3kgの赤ちゃんとして、この世に誕生しました。

この9ケ月間は激動の期間です。一個だった細胞は約60兆個まで増えました。何度も細胞分裂を繰り返した結果なのです。60兆個近くという数字は世界人口の約一万倍です。そこまで間違わずに増えて、手や足や頭ができたのです。しかも、今日は自分で歩いて登校できました。これは五十億年と言われる宇宙の奇跡です。

今この体育館にいる人々は皆奇跡の塊です。「これがめでたくなくて何がめでたいものがあるか」とさえ思えるのです。そう考えたとき、私はこの入学式に参列されている皆様に重ねてお祝いを申し上げます。

さて、皆さんは今朝どんな気持ちで家の敷居をまたぎましたか？ まず「行って来まあす」と大きな声で言ったと思います。お父さんやお母さんも嬉しかったでしょうね。2・3年生の皆さんも「進級したぞ！ 今年はやるぞ！ あれも頑張る、これも頑張る」と心に誓ったことでしょう。

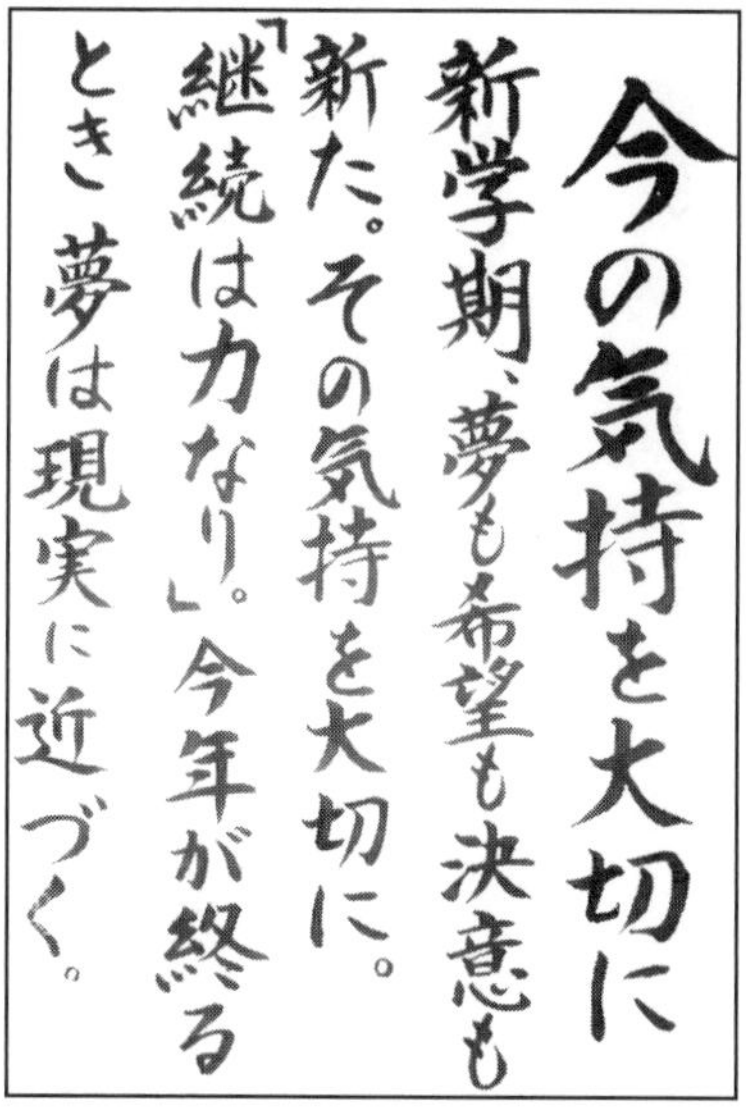
今の気持を大切に
新学期、夢も希望も決意も
新た。その気持を大切に。
「継続は力なり」。今年が終る
とき 夢は現実に近づく。

中学生になったからには、2・3年生に進級したからには、その大きな目標を持ち続けてください。「継続は力なり」とよく言われますが、もっと着実に目標に到着できる言葉を知っています。

「目標は高く、努力は着実に」です。私は自分のノートの表紙に書いて、毎日を送っています。【大学ノート60冊ほどになって

祝 入学進級

白山中学校の生徒さんの入学・進級を
祝して、天国のきんさん・ぎんさんから、
祝電が寄せられました。披露いたします。

皆しゃん
おめでとう
ございましゅ。
三年間にゃあ
辛りゃことや
ええこともありますデヨ。
がんばって
くんしゃい。

きんさんぎんさんになりきって
読むと心が良く伝わります。
では、もう一度、お読みください。

います】

中学校の生活は人生の中のほんの一時期ですが、人生を左右する最も重要な時期です。明日からの皆さんの活躍を期待します。

今、磨くべきもの

霞西中全校朝会　'97年5月20日

二階のホールの大きな鏡の下に、なんと書いてあるか気づいていますか？（間）『心を磨け　個性を磨け　美しさを磨け』【移動黒板に筆で書いた標語を掲示する】ですよね。どんな意味か考えてください。

中学校時代は勉強、スポーツ、芸術などの知識や技能を学び磨く時期です。これは間違いのないことですが、他にもあります。

その一つが心、心は形にはできませんが「思いやりの心、美しいものを美しいと感じる心、汚いものや醜いものに気付く心」もあります。それを感性と言います。感性は常に磨いてないと錆びついてしまいます。

二つ目の個性は、得意なものを持つことです。芸術、スポーツ、物づくりなど。しかし優しさや思いやり、手伝いができるなども個性と言えます。わがままは個性ではありません。

心を磨け、個性を磨け、美しさを磨け

三つ目は美しさ、最初に思い浮かべるのが外面的な美しさです。身なりがきちんとしている、整理整頓が行き届いているなど考えられますが、内面的な美しさも忘れてはいけません。親切さとか優しさ、思いやりなど外見からは判断しにくいものもあります。

内面的な美しさは周りからは判断できないと思われがちですが、映すものはあります。鏡です。「エ！　鏡は外見を映すものでしょ！」と思われるかも知れませんが、心の内面も映し出します。

皆さんは嬉しくて弾んでいるときと、悲しいときや寂しいときの顔を見比べたことがありますか。他人の目で見ると、もっとよく気づくのです。

今月から私は、水飲み場やトイレの鏡、ホールの大鏡にも「心を磨け、個性を磨け、美しさを磨け」を掲示しています。

そこで、掃除の担当にお願いがあります。今月は特に、鏡を毎日念入りに磨いてください。心や個性の美しさを映し出す鏡が濁っていては、先の見通しがききません。

最後に「心を磨け、個性を磨け、美しさを磨け」。この言葉を心の中で三回ずつ唱えてください。（間）終わります。

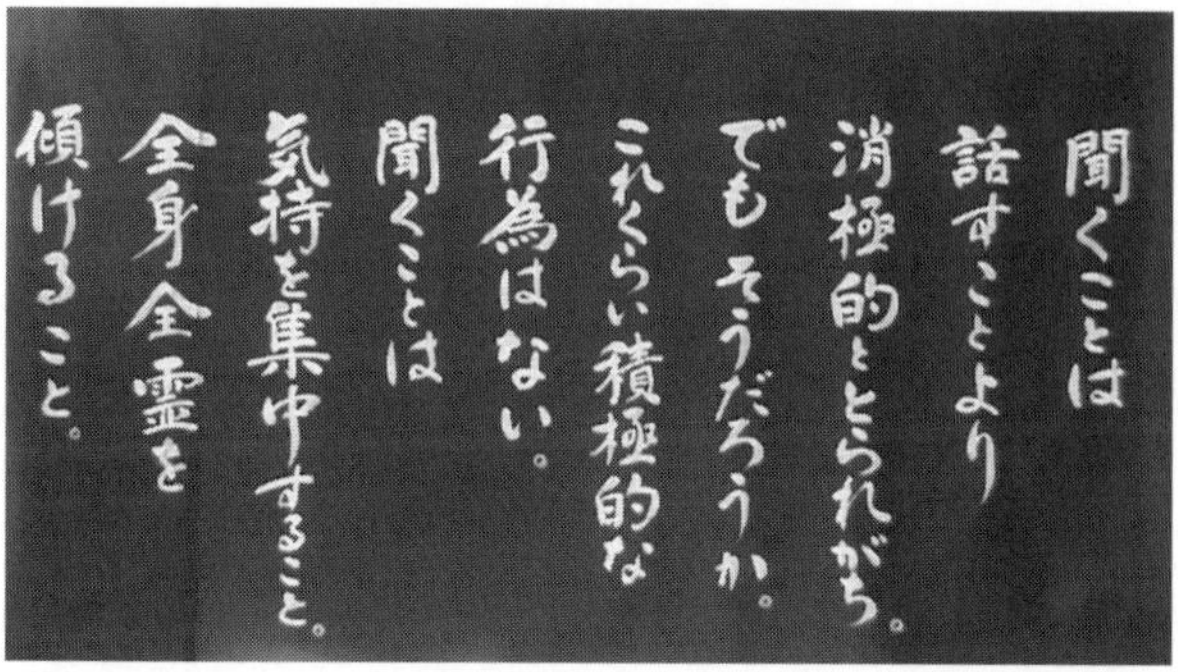
聞くことは
話すことより
消極的ととられがち。
でもそうだろうか。
これくらい積極的な
行為はない。
聞くことは
気持を集中すること。
全身全霊を
傾けること。

一夜漬けと古漬け

霞西中全校朝会　'97年6月3日

おはようございます。前回の話、覚えていますか。(間)「心を磨け、個性を磨け、美しさを磨け」でしたね。

さて今日は一ヶ月後の期末テストを見据えて話をします。テストというとどうしても記憶力の競争ということが浮かんでしまいます。なぜなら読解力とか想像力、表現力は判定しにくいからです。知識や理解力を測る方法なら人数が多くても平等に測れる利点があります。

日本の教育は欧米に追いつけ追い越せを目標にしてきたので仕方なかったのです。そうは言っても、思考はしっかりした知識がなければ出来ません。

例えば国語で読解力や思考力が大事だと言っても漢字が読めず、文法も知らずに読み取れません。家を建てる場合、土台をしっかりしないで柱や梁は組み立てられないし、屋根も載せられないのです。

どの教科でも基礎基本をしっかりして、次の段階に進めるものです。昔の教育は〝沈黙は金〟と言われ「余計なことは話すな」と教えられました。世界に羽ばたく皆さんは、自分の考えを相手に伝えなければなりません。だが中身のない（知識や理解力がない）人に主張はできますか。だからいくら英語が喋れても、国語力や専門的知識のない人は交渉できないのです。そんな訳で知識を記憶することは大切な勉強の要素だということが理解できると思います。

ところが人間は覚えた知識は時間とともに忘れていきます【忘却曲線を模造紙に書いてきて提示する】。完全に忘れてからでは元の位置に戻すことはできません。忘れ切る前に学習し直せば、記憶はもとに戻ります。

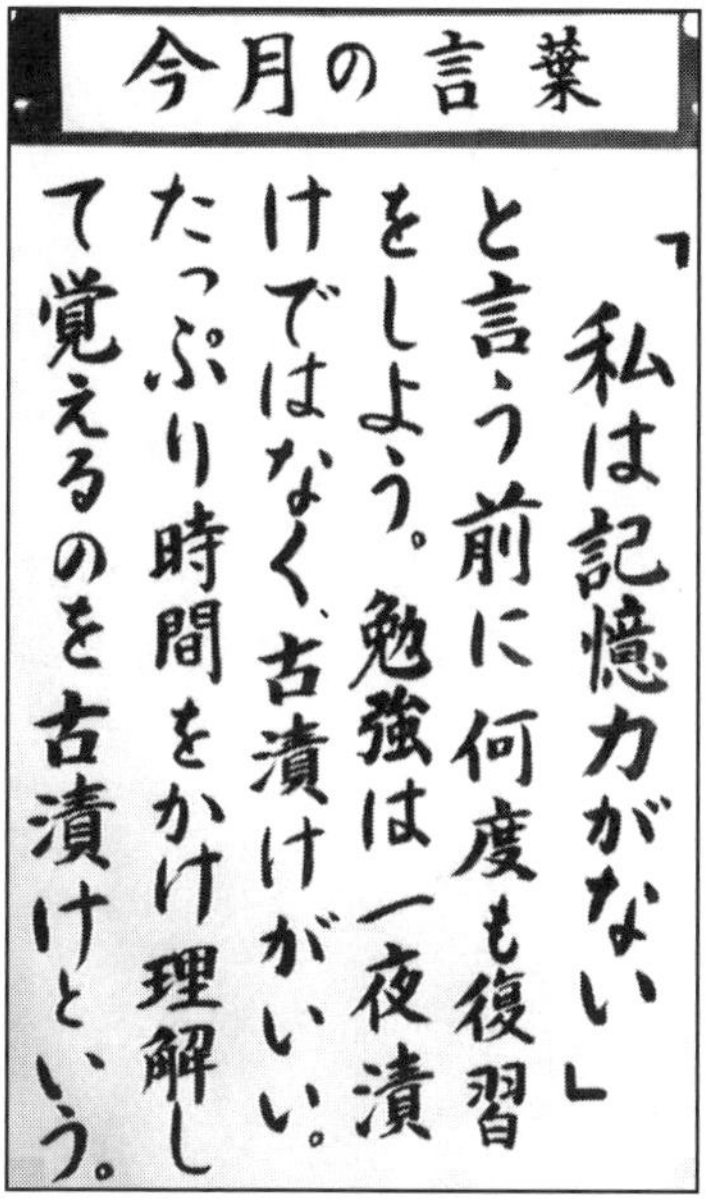
今月の言葉
「私は記憶力がない」
と言う前に何度も復習
をしよう。勉強は一夜漬
けではなく、古漬けがいい。
たっぷり時間をかけ理解し
て覚えるのを古漬けという。

勉強法を漬物に例えると、前の晩一回だけ学習するのを〝一夜漬〟あるいは〝浅漬〟、時間をかけて学習し直すのを〝古漬〟と言います。活用できる

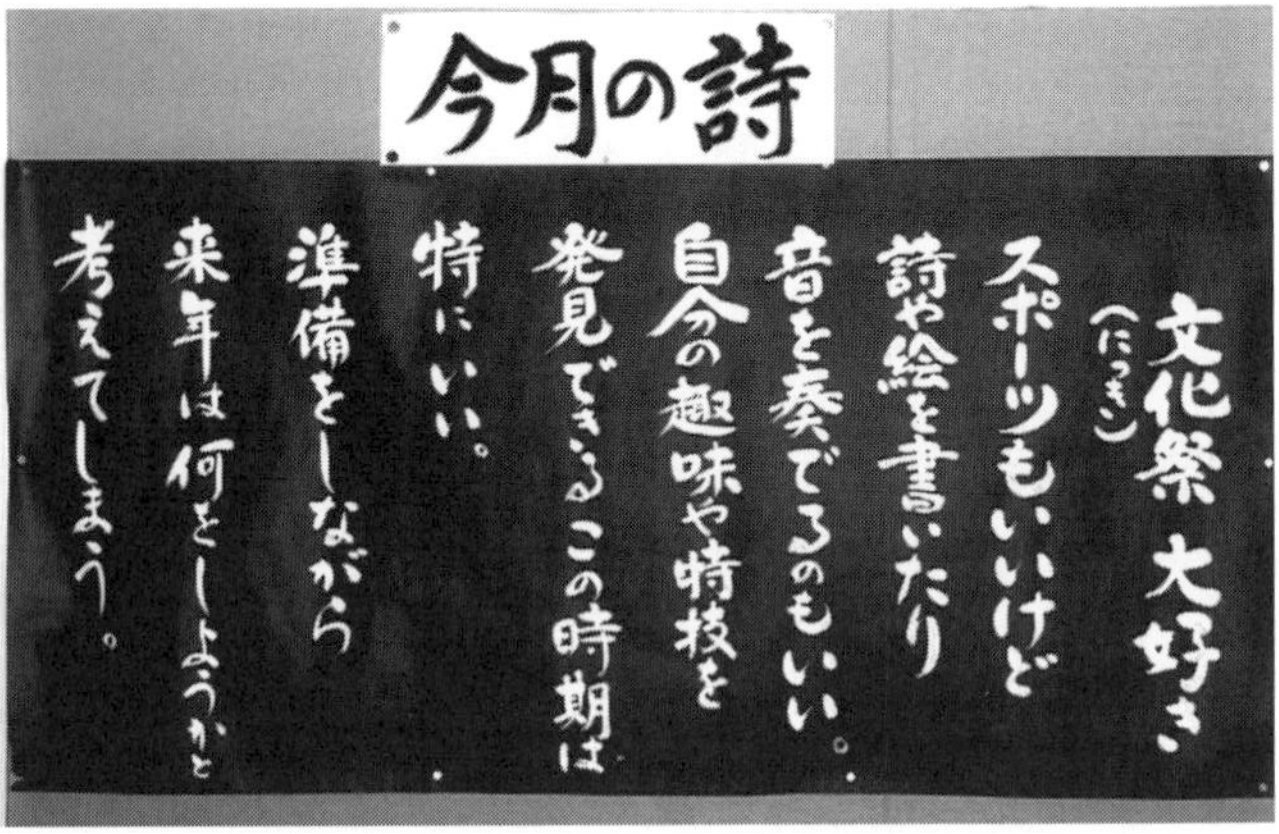
今月の詩
文化祭 大好き
スポーツもいいけど
詩や絵を書いたり
音を奏でるのもいい。
自分の趣味や特技を
発見できるこの時期は
特にいい。
準備をしながら
来年は何をしようかと
考えてしまう。

知識にするには古漬学習をしなければなりません。

最後に、せっかく苦労して勉強したのですから、終わった途端「それっ！」と走り出したり、ゲームに夢中になったりしたら、これまで勉強したことが泡のごとく消えてしまいます。学力を身につけるには日頃の心の持ち方が大切です。

授業を受ける心構え

霞西中全校朝会　'97年9月1日

おはようございます。長いと思った夏休みも終わって、今日は二学期の始業式です。皆さんの元気な姿に会え、とても嬉しいです。一学期の終業式には3つの話をしましたが実行できましたか？（間）

（1）休み中に歯を直す（指摘を受けた人）
（2）自己を律する（本能のままに行動しない）
（3）後悔しない夏休みを過ごす（計画的に目標をこなす）

さて、今日から二学期、一番長く充実して欲しい期間なので、今回は英語の単語を使った3つの言葉を贈ります。【筆で書き掲示する】

Always listen! Always think! Always practice!

（1）授業中、あなたは先生の話を listen していますか？ それとも hear ですか？ 2つの単語には大きな違いがあります。前者は注意深く、神経を集中して聴くこと、後者はただ声が耳に入って来て通り抜ける状態を言います。

授業中は〝先生の声がなんとなく耳に入ってくる〟のでは困るのです。心を集中して、耳を傾けてください。

watch と see もよく似ています。前者は眼を凝らして見る。すなわち凝視することです。後者は見るとはなしに、周りの様子が網膜に映っているだけなのです。

先生に良い授業をしてもらわないと損をするのは皆さんです。二学期は watch and listen で授業に参加してください。
（2）think は考えること、思考とも言います。ボーッとしているのではなく、自分で考える習慣をつけることが大切です。
（3）practice は難しい表現をすれば修める、修業をする。簡単に言えば練習とか実行です。習慣化すると身につきます。
Always listen! Always think! Always practice!
はい、心の中で、3つの言葉を3回ずつ繰り返してください（間）
以上を二学期の始業式の言葉にします。

礼を正し、場を浄め、時を守る

霞西中全校朝会

'97年10月7日

この言葉は多くの学校で校訓に使われている言葉です。なぜでしょう。【三枚のカードを用意】

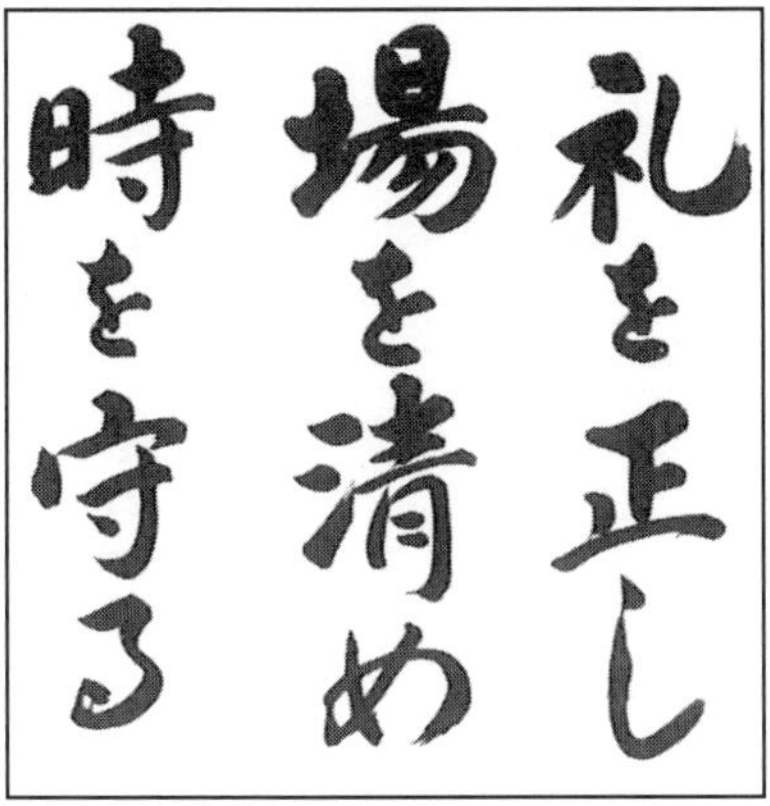

(1)礼を正し

先日職員室でのこと、先生と生徒の間で、こんな会話がありました。「○○さん、△△をしてください」。これに対して、生徒「やだ！」、別の場面「やだと言ったら?」、このときは、さすがに先生からの指導がありました。こういう受け答えでは教育は成り立ちません。〝親しき仲にも礼儀あり〟とも言います。

昔、先生やお父さんにそんな事を言ったら張り倒されたものです。今日では子どもの人権が認められ体罰は禁止となりました。だからといって、言って良いことと悪いことがあります。どんな時代になろうと教師と生徒との間には礼がなくてはいけません。親と子、友達同士でも当てはまります。教育はお互いを尊重すること、すなわち礼から始まります。

(2)場を浄め（清めとも書く）

これは改めて説明する必要はないほどです。お坊さんの修行が一番良い例です。修行の前にかならず掃除をします。学校でも時間があれば掃除をしてから授業を始めたいほどです。

仏の教えを理念として、今日のある国は同じ考えです。西洋では親が「掃除をする時間があったら勉強を教えてくれ」と言う国もあるそうです。（仕事は罰としてするという考え）でも授業をする前と後に掃除をして、身の回りや心を浄めることも大切な修行です。

(3)時を守る

学校は時間で動いています。数人が授業を受けるのなら時間は思い思いで構いません。

学校を批判するのが目的の人々の言い分は勝手です。「遅刻も自分が損をするのだから、時間に遅れて来ても良い」と言うのです。

批判の理由はいくつでも見つかります。しかし、日本の中学は一人の先生が40人の生徒を指導します。40人が思い思いに教室に入ってきたら授業は成り立ちません。

今、皆が考えているとき、教室の戸が「ガラッ」。すると生徒の思考は中断され、後ろを振り向きます。そしてまた数分後「ガラッ」これでは授業だけでなく、学校が成り立ちません。

先生が授業に遅れて来ることについても同じです。その場は遊べて楽ですが、長い目で見たとき損をするのは自分たちです。

「礼を正し、場を浄め、時を守る」

心の中で、二度繰り返し、三度目は目をつむって言ってください。

（間）終わります。

国語って面白い

霞西中全校朝会 '97年11月4日

今日の話がなぜ、このような題かと言うと、皆さんの中には「国語が好きになれない」、「教科に好き嫌いがある」という人がいると思うからです。でも好きになる方法があるんです。なぜかと言うと、私は国語が嫌いで、いつも国語から逃げ出したいと願っていた中学生だったからです。（ちなみに私は理科の教師でした。）

その話をすると、多くの人が「そんなことないでしょう。国語は得意だったのでしょう？」とか「国語の先生だったのでしょう？」と異口同音に言います。誰も信じてくれません。（国語の教師だったら、このように軽い気持ちで文を書けません）

当時、公立高校の入試は9教科でした。国立大学はいくら理科系受験でも国語はありません。中学時代は長文読解が苦手で8教科で間違う点数と国語だけで間違う点数が同じくらいでした。「ああ、国語のない国へ行きたい」。

高校へ行ってから現代文では稼げないので古文、漢文、文法、漢字など時間をかけて学

今月の言葉

国語っておもしろい。
社会も音楽も美術も。
将来、何が役に立ち、生
活を豊かにしてくれる
か分からない。だから今の
この一時間しっかりやろうよ。

びました。ですから、今でも皆さんが国語の時間に学ぶ、代表的な名文はほとんど暗証できます。

例えば「春はあけぼの……」とか、「つれづれなるままに…」、「ゆく川の流れは絶えずして…」、「月日は百代の過客にして…」、「春眠暁を覚えず…」、「少年老い易く…」など次々と浮かんできます。

大学一年のときは一般教養と言われる文学、歴史、哲学の教科の成績が悪くて呼び出されました。「このような成績だと特別奨学生を打ち切ることになる」私は焦りました。何回読んでも頭に入らないからです。

5年後、理科の教師になりました。それは私にとって天職でした。教師になって2年後、私は学級だよりを書き始めました。書いているうちに、私的な出来事をエッセイと詩にまとめました。

スキーの一級合格までの過程「感激を求めて」、学級担任として生徒との関わりを「よろこび」、人間と自然と理科教育を綴った「なかまたち」、理科通信「先生！　うちの子は理科が苦手なんですけど」シリーズなど、いつも十数枚の冊子でしたが、自分の心を表現することの楽しさを知ったのです。

こうなると止まりません。生徒との自然観察を著した「自然観察かるた」にすべてが凝縮したのです。次は「さかいかつテニス教室」、「心を育てる理科教育」、自分の心を文章にして表現する。世の中にこんな面白いことがあるのか。学校を卒業して初めて、その面白さに気づいたのです。

国語は教科の中で究極の面白さがある教科です。面白くないと思っている人は国語の時間に行われる漢字書き取り、文法、長文読解、作文、読書感想文だけを頭に浮かべ、単純に記憶することだけを勉強（苦痛）と捉えているからでしょう。

漢検で一級をめざす人は漢字の中に広がる面白さを見い出しています。長文読解をテストと捉えるのではなく、文章（小説）の中に面白さを探すのです。作文？「自分の心を文に表す」面白いではありませんか。一行書けば自分だけの心（世界）を発見できるのです。

この学校の先生は皆、自分の教科に喜びを発見した人の集団なのです。

人間万事塞翁が馬

霞西中全校朝会

'98年3月11日

お早うございます。今朝の三年生の皆さんの顔を見ると、これまでと違って爽やかな表情ですね。重くのしかかっていた高校入試も終わり、進路も決まって、残るは卒業式だからでしょうか。

入試が終わると多くの人は心が晴れ晴れとするものですが、そうとは限りません。なぜなら入試には倍率というものがあるからです。県平均は1・25倍。

これは単純に計算すると100人の定員のところを125人受けたということです。25人、すなわち五分の一の人は希望が叶わなかったのです。第一希望に入れなかった人は家に帰って、誰も見てないところで思い切り泣いてください。

でもいつまでも悲しんでいないで、心をスパッと切り替えましょう。この切り替えが大切です。だって、一度や二度の受験に失敗したからといって、人生が決まった訳ではないからです。

私の高校時代、漢文の時間に勉強した淮南子という書の中に、こんな故事があります。『中国北部の辺境の地に塞翁（古老）が馬を飼っていた。ある日、その馬が逃げてしまい、とても嘆き悲しんでいました。

ところが、その馬が北方の駿馬を連れて戻ってきました。喜んで息子がその馬に乗って遊んでいると、落馬して足を折ってしまいました。親子で嘆き悲しんでいると、やがて隣国との間に戦争が起こりました。多くの若者は亡くなりましたが、息子は戦争に行けなかったので命永らえた』という故事です。

これを『人間万事塞翁が馬』と言い、人間の幸福と不幸はどちらに、どう転ぶか分からないという意味で、「禍福はあざなえる縄の如し」とも言います。

受験の失敗なら、修正ができます。落ちたからと言って、いつまでもクヨクヨしてないで、気持ちを切り替えることが大切です。この悔しさを、つぎの三年間に活かせば合格した人を見返せる結果を出せます。

これは「失敗は成功のもと」に変えることができた証拠です。合格した人も、今回は失敗した人も、この格言を忘れず新たな気持ちで高校生活を送ってください。

天知る、地知る、我が知る

霞西中卒業式（外交辞令の挨拶はカット）　'98年3月15日

生徒の皆さんは中学3年間を振り返ったとき、苦難の道は一言で言い尽くせないと思います。保護者の皆さんは15年の思いと9年間の義務教育を重ね合わせた時、喜びの大きさはいかばかりかと推察し、心からお祝いを申し上げます。

生徒が手にしている卒業証書は義務教育9年間の全課程を終了した証です。この3年間、皆さんは大きく成長しました。特に最上級生になってからの活躍は目を見張るものがありました。新しい記憶では先週行われた〝送る会〟です。出し物はもちろん、御礼の言葉に見られる内容と演出は在校生を圧倒していました。

そんな皆さんも今日を限りに卒業し、大海原へと旅立ちます。しかし、その海は荒れています。本校の学校教育目標は「心豊かなたくましい生徒」幸い多くの皆様方のご支援でこんなに立派でたくましい大人に仕上がりました。これからはどんなに苦しいことや辛いことがあっても「心豊かにたくましく」生きてください。

これまで日本は幾多の試練を乗り越え、世界から信頼される地位を築いてきました。それは国民一人ひとりが勤勉で誠実に働いてきたからです。

ところがここに来て衝撃的な事件が立て続けに起きています。大部分が人を騙したり、企業の不誠実だったり、嘘が発端となっています。最初は小さかった嘘も次第に大きくなり、罪もない他人、労働者や家庭を悲劇に追い込みました。人間はどんなに窮しても、人を騙す行為や悪事はいけません。

そんな状況下の門出なので、私からの餞の言葉は「これ」です。

「天知る、地知る、我が知る」【式壇に提示する】

人は悪事をするとき、必ず周りを見ます。「誰か見ていないだろうか?」これは私が幼少時代、母から何度も教え諭されてきた言葉です。

母は「誰も見ていないようでも、必ず天が見ているんだよ」。そう言いました。僕は「屋根のあるところに隠れれば見られないよ」。母は続けました。「でも大地が見ているんだよ」。僕は更に言い訳をしました。「家の中に隠れれば見えないよ」。

母はゆっくり諭した。「でも、自分の心は知っているんだよ」。かれこれ50年前の僕と母の会話です。人は騙せても自分の心だけは一生騙し続けられないという母の教えでした。

「天知る。地知る。我が知る。」人は悪事をするとき、周りを見る。しかし、誰も見ていなくても必ず、天と地が見ている。そして何よりも自分の心が一番知っている。「悪事はするな。」という教え。

保護者の皆様にもお願いがあります。子供が1日1㎝、正しい道から逸れ始めたとき、目を背けないで軌道修正の助言をしてください。1日1㎝でも10年経てば元の道が分からなくなります。

教師は「元」担任で済みますが、両親に「元」という字は当てはまりません。何十年経っても親は親ですから。

追加（卒業式の後日談）

緊張した卒業式も終わって2週間、次の新学期が始まった。自分は気づかなかったのですが、川越市内のある校長から「酒井さん、'98年4月1日付の埼玉新聞に出ているよ。」という電話が入ったのです。

（心当たりはなく「なんだろう?」（校長の名前が新聞に載るのは何か悪いことが発覚したときだ。）不安な気持ちで、読者の投稿コラム「つれづれ」を見る。

なんと霞が関西中学校の卒業式に参列したという川越市の主婦が「天知る、地知る、我が知る」という内容と校長先生の語り口に感激をしたという投稿だった。私はかなり長期間「ルンルン」気分で過ごした。

上野台中学校時代

武蔵野の雑木林に囲まれて

川越から小川への転勤挨拶文

'99年4月吉日

『折節の移り変わるこそ、物事にあわれなれ。「もののあわれは秋こそまされ」と人ごとにいふめれど、それもさるものにて、今、ひときは心も浮きたつものは春の気色にこそあんめれ』（徒然草十九段より）』

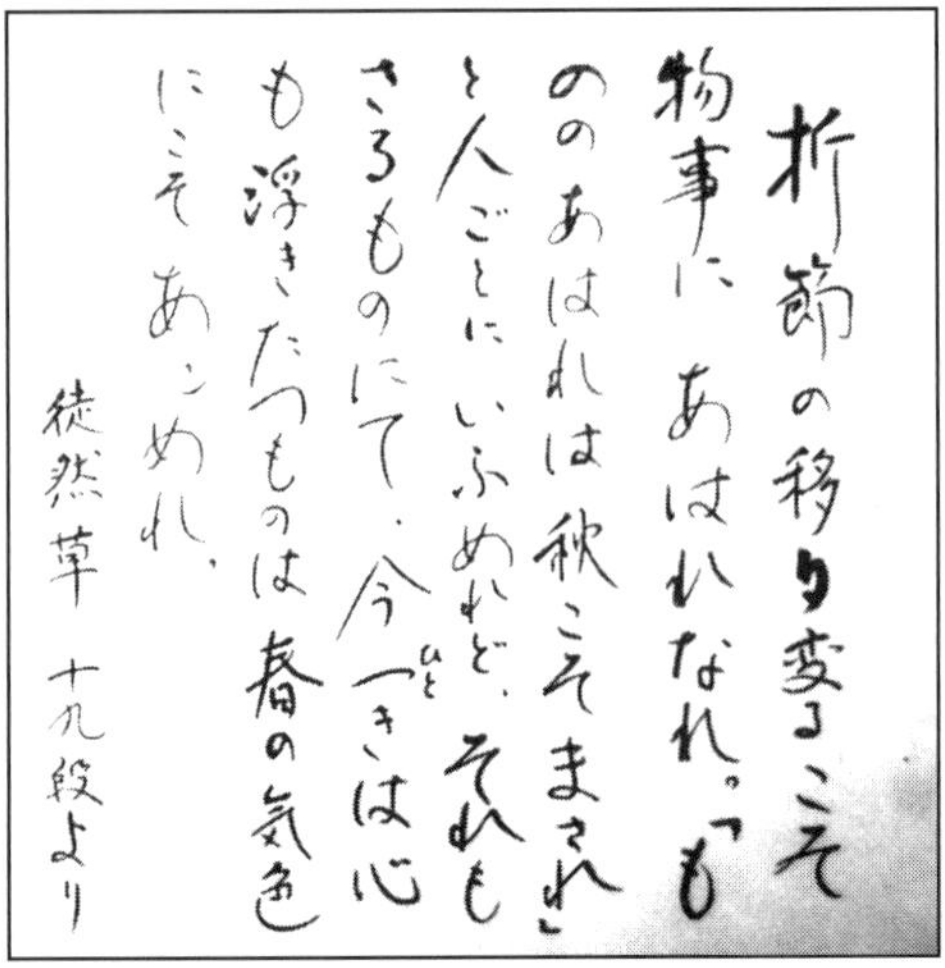
折節の移り変るこそ
物事にあはれなれ。「も
ののあはれは秋こそまされ」
と人ごとにいふめれど、それも
さるものにて、今一《ひと》きは心
も浮きたつものは春の気色
にこそあんめれ
徒然草　十九段より

かつて（二十年前）勤めた小川東中学校のすぐ隣、小高い丘に立つ上野台中学校に赴任いたしました。武蔵丘陵と言われる眼の前の雑木林と、背景に広がる外秩父の山々を遠望すると、表情が刻々と変わっていくのが手に取るように見て取れます。

若葉は皆、黄緑ではなく、クヌギもコナラも白く赤く、銀白色にと芽吹きの色を変えていくことに気づき、自然の仕組みの妙に感動しています。「もし私に文学と芸術の才能があったなら」と悔やむ毎日を送っています。

さてさて、遅くなりましたが川越市在職中は公私にわたり、ご指導とご鞭撻をいただきありがとうございました。全くの新天地でありました教頭時代の砂中生活、生徒から自分の学校に誇りをもたせる学校経営を知らされました。

二年後の芳野中では地域の教育力と保護者からの支援という大切なものを学ばされ、管理職であっても生徒全員の名前と顔が一致する強みに気づきました。

（週8時間授業をし、放課後は毎日のように生徒と部活動を楽しみました。）

しかし、霞ケ関西中学校では学校経営の責任者として、その任を十分果たせたのかと問われると、「はい！」と答えるだけの自信はありません。しかし、校長としての四年間は世に言う〝個性〟もかなり発揮できたのではないかと自負しております。これも教育委員会をはじめ、PTA及び教職員のご支援の賜物と感謝し、川越市に奉職できたことを誇りに思います。

4月より上野台中に勤務させていただいておりますが、教育熱心な地域、保護者、教育関係者と向上心のある生徒たちに囲まれ、のびのびと勤めさせていただいております。

これからも公教育に携わる自覚と責任を噛み締め、持っている能力を十分発揮して、二十一世紀に〝たくましく生きる人間の育成と教師自身の自己実現〟のための学校経営を心がけていきたいと思います。

今後ともご指導、よろしくお願いいたします。

（この文はパソコンで打った字ではなく、霞西中時代の書道の達人、石井教頭さんをイメージし、彼になりきって全文を和紙の巻紙に書きました。何回書き直したやら、数え切れないほど練習し、それを縮小コピーして関係者に送ったものです。）

挨拶をしっかりしよう

上野台中全校朝会　'99年5月24日

「おはようございます」まず、お話をする前に、皆さんに尋ねます。生徒会で決めている「今月の生活目標」を言えますか。【間をおいて、3つの段階で手を挙げさせたが、殆どが言えない状態】「挨拶をしっかりしよう」でしたね。今日は生徒会のスローガンに合わせて、挨拶の大切さを話します。

まずは英語から。【マグネット付き英単語用紙】最近は何でも Hello! で済ませちゃう時代になりましたが、正式には午前中　Good morning、日中　Good afternoon、夕方から宵の時間帯　Good evening、別れるとき Good bye, Good night

「要するに皆が良い時間を持とうよ、良い関係になろうよ」。もっと深く考えると、「神様がいつもあなたと一緒にいますように」「良いことがありますように」と呼び掛け合っているんですね。

初めての出会いもそうです。私達が中学時代に英語を習ったときは How do you do?（はじめまして＝正式な場ではそう言うそうです。）今ではNice to meet you.「あなたに会えてとても嬉しいわ」から会話が始まります。英語の場合、単刀直入、単純で明快です。

> 挨拶をしよう
> 風薫る五月、明るい挨拶は、
> 血液型よりも、星座よりも、
> もっとその人を表わす。
> 朝一番の挨拶は、お互いの
> 心を豊かにしてくれる。

日本語の場合ちょっと複雑でいろいろな意味があります。「おはよう」はお早いですね。「おはようございます」というと目上の人に対する丁寧や尊敬の気持ちも含まれます。「今日《こんにち》は？」は疑問文です。「お元気ですか？」「農作業進んでいますか？」「お天気良いですね！」「塩梅はいかがですか？」「仕事は儲かっていますか？」などいろいろな意味があります。

大阪の方では「ボチボチでんな。」などが続くかもしれません。「今晩は？」にも疑問文が隠されているので多くの意味があります。いろいろな状況に合わせて言葉がけをするのです。

夏休みだあ〜〜!
昼寝もしたい　夏休み
読書をするぞ　夏休み
部活がんばる　夏休み
旅に行きたい　夏休み
水泳やるぞ　夏休み
手伝しよう　夏休み
早起きするぞ　夏休み
寝坊もしたい　夏休み
スイカも食べたい　夏休み
食べ過ぎるなよ　夏休み
家族で遊ぼう　夏休み
何でも挑戦　夏休み

このように人は昔から、他人と出会ったとき関係がなめらかになるように、最初の挨拶を工夫したのです。最初は軽く、きっかけになる言葉を探して、言葉を交わすと友達関係がなめらかになります。

生徒会のスローガン〝挨拶をしっかりしましょう〟は、そういう深い意味が隠されているのです。皆で決めた合言葉です。今月は意識して、挨拶をしっかりしましょう。

夢語る友がいて

上野台中全校朝会 '99年6月21日

「夢語る友がいて　学ぶ日よ　薫る青春　上野台　我が中学に自主のうた」

皆さんは普段何気なく歌っているかも知れませんが、こうして一字一句を噛み締めながら、書いてみるといい歌詞ですね【模造紙に筆で書いた歌詞を掲示】。

同じように自分を包む環境についても注意してみると、見つめ直すところがたくさんあります。「ああ、自分はこの自然、環境、町の人達に育まれている」ということに気が付くと思います。

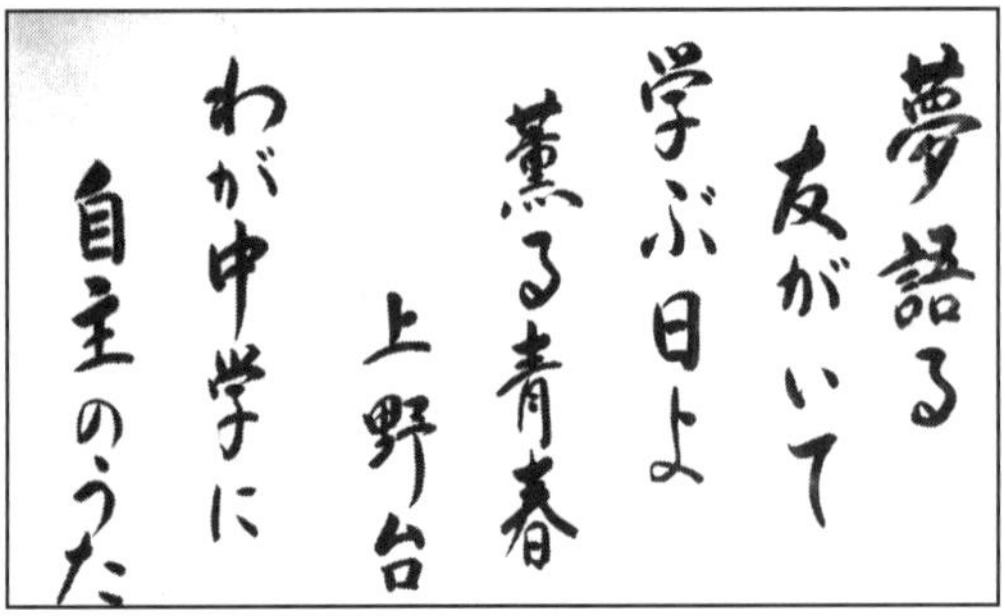
夢語る
友がいて
学ぶ日よ
薫る青春
上野台
わが中学に
自主のうた

しかも学校へ来ると友達がたくさんいて、笑ったり、競争したり、励まし合っている。時には敵になり、時には同じ仲間になり、将来のことを語り合うこともある。友達でないとできないことだと思います。

私は現在の吉見町、当時は村に育ちました。多くの人は村の出身ということを恥ずかしがりましたが、私は堂々と名乗り、自分を育んでくれた吉見村を誇りにしていました。皆さんも自分が育った上野台に誇りが持てる人間になってください。水前寺清子の歌に、

♪ボロは着てても心の錦　どんな花よりきれいだぜ

若いときゃ二度ないどんとやれ…♪　【マイク無しで独唱】（拍手）

自分がまっとうな道を歩いていれば堂々と歌えます。胸を張って上野台中学や地元のことを語れます。

人の道から外れたことをしている人は故郷を語りたくないでしょうね。この校歌も歌いにくいでしょうね。せっかく良い歌に出会ったのだから、いくつになっても皆で、肩を組んで歌えるような人生にしてください。

では、校歌を歌います。【独唱する】（拍手）

努力せずして人を妬むな

上野台中全校朝会　'99年9月6日

皆さんは〝座右の銘〟という言葉を知っていますか。「常に身近に備えて戒めとする言葉」を言います。例えば「継続は力なり」とか「人のふり見て我がふり直せ」とか「発明は一％のひらめきと九十九％の汗である」【これを簡単に説明する】

皆さんも人生の教訓として、座右の銘を決めておくと良いですね。それを私は自分で創って、三十年間実行してきました。

それは『努力せずして人を妬むな』という自分で創った格言です。力強いでしょう？　どういう意味かと言うと〝妬む〟という字を見てください。嫌な意味の字はみんな女偏

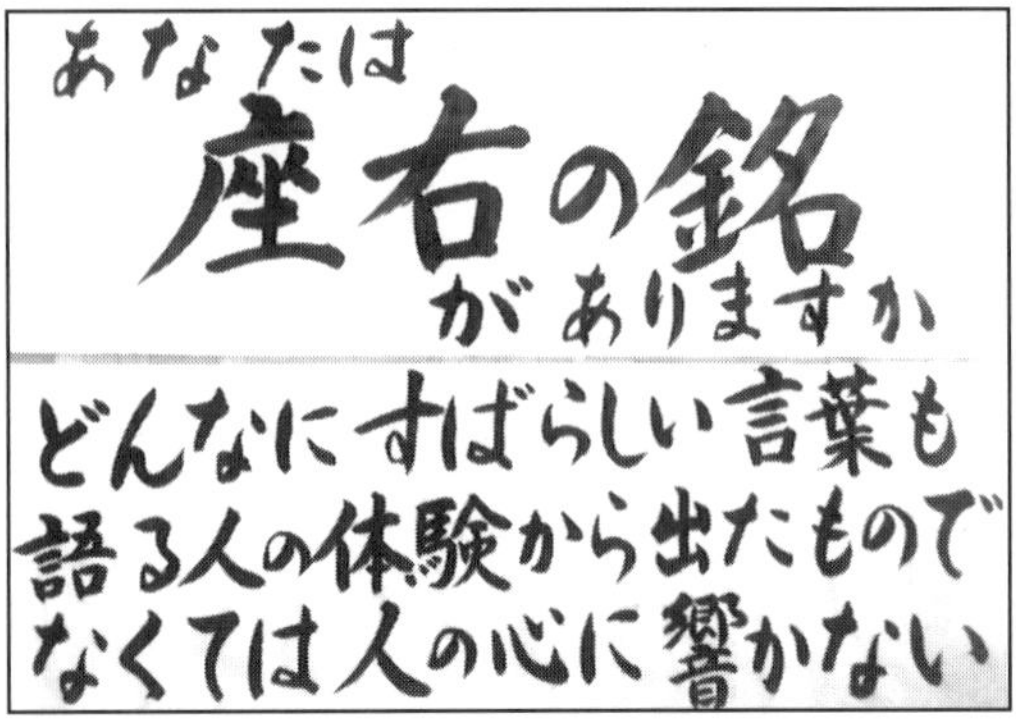
あなたは
座右の銘
がありますか
どんなにすばらしい言葉も
語る人の体験から出たもので
なくては人の心に響かない

を付けてあります。

【ここで話は脱線し、用意したカードを貼り付ける】女偏のついた嫌な字を列挙します。姑、淫、姥、妨、姦、妾、怒などいくつでもあります。良いのは嬉しいだけ。女偏の付いた漢字は171字、男偏は7つだけです。

ソネムとネタムの二つを結びつけると嫉妬という熟語が出来ます。これは「自分より優れた人を嫉《そね》み妬《ねた》む事」を言います。

では、この感情は女だけのものでしょうか。いえいえ、そうではありません。漢字は男が創ったものですから、当時の悪い連中が嫌な漢字は皆、女のものと決めてしまいました。（悪い漢字を考案した人は自分の妻が悪かったのだろう）。

私はこの嫉妬の気持が特に強いのです。自分より能力の優れた人には異常に嫉妬心を感じたものでした。例えば人の成功、入賞、合格などです。そんな時どうしたかというと、その人の悪口を言いました。

たぶん皆さんもそうした事があると思います。「あの人はこれこれだ、だけど……」そういうことを言って、自分のところまで引きずり下ろし、自分と肩を並べることで満足しているのです。

考えてもみてください。それで肩を並べたと思い込んでも、自分のレベルが上った訳ではありません。低い位置で満足して、自分の進歩はありますか？　すなわち、悪口は何度言っても自分の価値は高まらないのです。

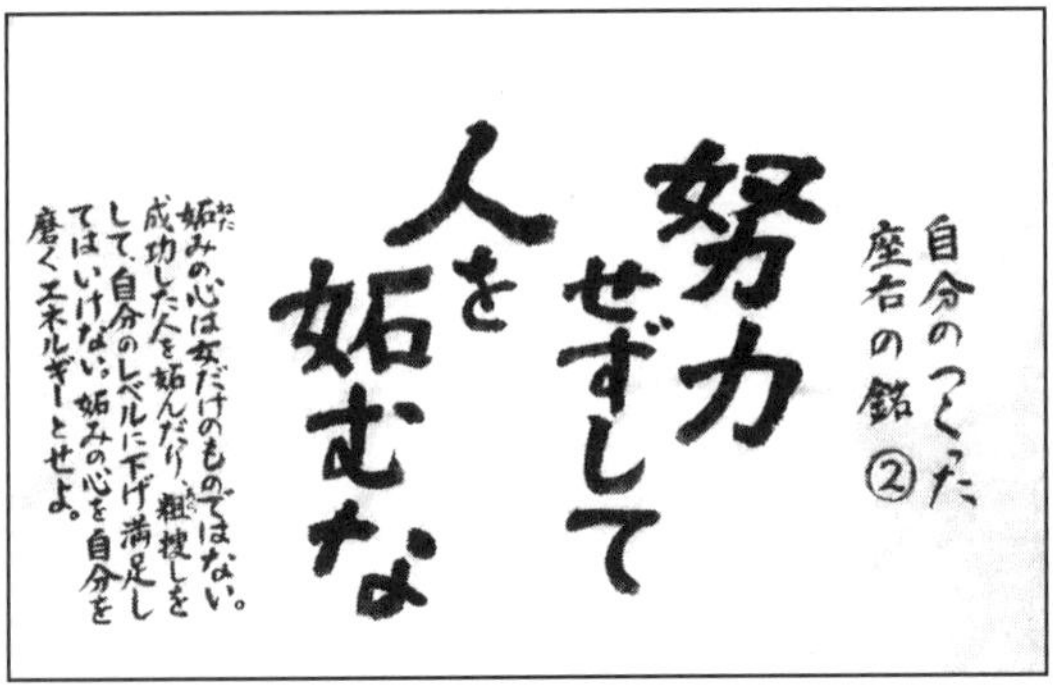
自分のつくった座右の銘②
努力せずして人を妬むな
妬《ねた》みの心は女だけのものではない。成功した人を妬んだり、粗捜しをして、自分のレベルに下げ満足してはいけない。妬みの心を自分を磨くエネルギーとせよ。

そこで私が考えた方法とはどんなに悔しくても、妬ましく思っても、相手の成功には全身で拍手を送り称えます。その時、心の中では「チクショウ、負けたぜ！　でもこのつぎは見てろよ」と心に誓うのです。そして、つぎの瞬間から、闘志の炎をメラメラと燃え立たせるのです。それが努力に繋がります。

こうすれば、きっとあなたは自分を高められ、目標に到達することができるでしょう。今、皆さんの前でこのような話ができるのは、人から聞いた話を伝えているのではなく、私が過去の経験を踏まえた上で修得し、創り出した言葉なので自信を持って言えるのです。

〝努力せずして、人を妬むな〟

私の座右の銘とはこのような経緯がある格言なのです。

なぜ行進の練習をするのか

上野台中全校朝会
'99年9月20日

体育祭が迫りました。でも皆さんにとっては「行進の練習は面白くない」と思っている人もいるかも知れないので、その目的を説明します（今日の話ができるのは埼玉県の校長で私しかいません）。行進は人に見せるためではなく、自分のための練習なのです。

先日、比企地区の陸上競技大会があり、応援に行ってきました。ちょうど200ｍ走があり、本校の生徒が走りました。2位に15ｍ離してぶっちぎりの一位でした。気持ち良かったですね。彼は特別背が高い訳ではありません。素晴らしいのはスピードを生み出す美しいフォームです。陸上の先生の指導が良いのでしょうね。私は感動してまぶたが熱くなりました。

私の言いたいのはここからです。行進の練習とは皆さんの生き方の準備練習なのです。私がこう言うと「行進なんかが何の役に立つ?」と思うでしょう。

これまで行進の練習というと、先生は「手を大きく振れ！ ひざをもっと上げろ！ 前の人の頭を見ろ！　よそ見をするな！　左右と揃えろ！」そればかりです。行進だから、前を見て、左右を揃え、真っ直ぐ進むことは当然ですが、なんで手を水平近くまで振り、膝と腿まで水平にしなければいけないのですか。みっともない！

　町中で手足を水平まで挙げて歩く人がいますか。笑いものです。どこかの国の軍隊や甲子園の入場行進を美しいと思いますか。これから数十年先まで生きていく君たちが、そんな馬鹿げた非合理的な歩き方をする必要はありません。無駄な練習はしないことです。

　ではどんな練習をすればよいか。「きれいに、美しく歩く」ことです。美しいフォームの人は速く走れる。なぜなら美しいフォームは自然だからです。自然なものは合理的です。合理的なものは力学的に合っているので、同じ力を加えても最大の力を発揮できます。そして疲れにくいのです。だから上野台中の生徒はブッチギリの一位になれたのです。

皆さんはこれから数十年生きてゆきます。

練習はなぜするのか。「美しくなるため」です。美しいことは自然で合理的で、力学の法則に適っている。少ない力で最大の成果を発揮でき、その力を持続できるのです。

だから練習して美しいフォームを身に付ける必要があるのです。

まず姿勢を正しましょう。胸を張り、前方を見ましょう。軽く顎を引き、ちょっぴり微笑んで、手は大きめに軽く振りましょう。足はまっすぐ前に出して、かかとから土を踏みます。

それでは私が見本を見せます。最初に甲子園の歩き方、次が軍隊、次はイカレた高校生、そして最後が一生、死ぬまで自信を持って進みたい人の歩き方をやってみます【壇上でそれぞれの歩き方を実演する】。

自ずと練習する価値のあるのはどれか分かります。さあ、これからは自信を持って、堂々と行進してください。このことは体育の先生にも言ってあります。

準備運動はなぜするのか

上野台中全校朝会

'99年10月4日

二学期は体育祭、新人戦、校内長距離走、郡市駅伝大会などスポーツ大会が目白押しです。スポーツを始める前に、なぜ準備運動が必要か話します。

私の持論「巨人の長嶋茂雄は名監督ではない」。確かに彼は名選手でした。人は彼の指導を〝ひらめき野球〟と呼びます。私に言わせれば〝でまかせ野球〟です。〝名選手イコール名監督ではない〟とは彼のことを言う言葉だと思っています。

監督になって選手に説明する言葉は「ボールが来たらパッと振り、スッとグラブを出し、サッと投げる」それでは聞いている選手は理解できません。自分は名選手でしたから、普通の人には理解できないことでも指導効果はあったと満足するのです。

一年目はリーグ最下位、以後も優勝こそはあるものの、巨人は各チームのエースや四番打者を金で集めてあの体たらく。本当の名将とはヤクルトの広岡監督とか、広島の古葉監督のことを言います。彼らは若手を育て、野球理論をしっかり説明して優勝に導きました。

野村監督も名将の一人、他のチームで不要になった選手に復帰のチャンスを与えてきました。彼は〝野村再生工場〟と言われています。

これからが話の本番です。そんな長嶋さん、選手としては素晴らしく、華麗なプレーはファンを沸かせ、名場面を生み出しました。その彼が重視していたのは〝準備運動〟です。

1つ目の理由、準備運動が不十分だと体が温まらず心肺機能も十分働きません。短距離走では足がつれたり、怪我をしたりします。長距離走では血液の循環が間に合わずに、失速することがあります。柔剣道などの格技では骨折やアキレス腱断絶があります。

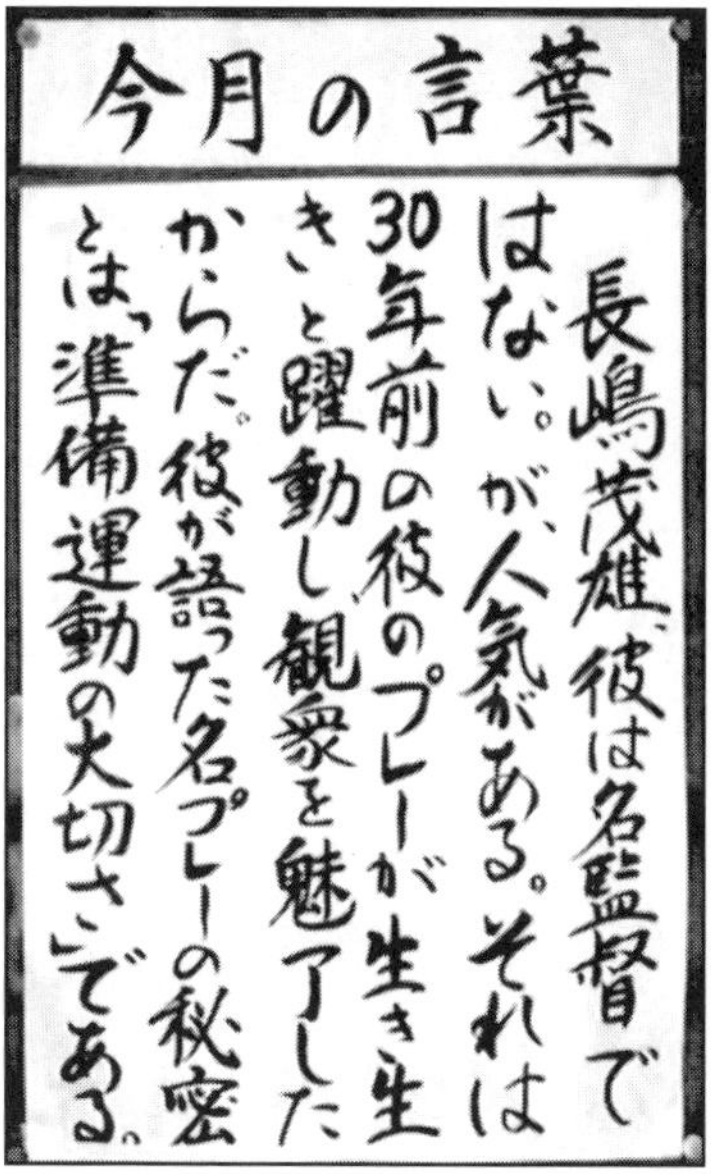
今月の言葉
長嶋茂雄、彼は名監督で
はない。が、人気がある。それは
30年前の彼のプレーが生き生
きと躍動し観象を魅了した
からだ。彼が語った名プレーの秘密
とは、「準備運動の大切さ」である。

2つ目、準備運動は「試合に臨む気分を高める」ということです。名選手は準備運動をしっかりやり、臨戦態勢に持っていくのが上手なのです。彼が名選手なのは準備運動に起因しているのです。だからあのような華麗なプレーが次々と生み出されました。

彼は怪我も少なかったとも言われてい

ます。さらに準備運動をしっかりしていると、その日の「体調が分かる」と言っていました。それに合わせてバッティングや守備をしたとも言います。名選手は人の見えないところで努力していたのですね。

皆さんは各自が準備運動に取り組み、競技に臨んでください。

地球に生まれて良かったね

上野台中終業式 '99年12月21日

私がこの学校に赴任して、はや9ヶ月、その間の皆さんの活躍は素晴らしかったですね。行事はもちろんですが、日頃の授業への取り組みもまた、とても良かったです。立派です！
さて、今日は話の題名を提示しないで話し始めます。代わりに、この表を先に見てください。なんだか分かりますか。分かっても声を出さずにいてください。右の数字と左の数字はペアです。【不要な部分は空白にしておき、必要な言葉を貼る】
ヒント1　終業式は一つの節目です。
ヒント2　私は理科の教師でした。
ヒント3　上から三つ目の数値に着目すること。
「分かった人、ハイ、キミ」「地球の公転と自転周期です」「ハイその通りです」

太陽を回る惑星	水星	金星	地球	火星	木星	土星
公転周期（日）	88	226	365	686	4329	10753
自転周期（時間）	1408	5832	24	25	10	11

これらの数字の右側は公転周期（一年の日数）、左は自転周期（一日の時間）を表しています。地球の一年は365日、一日は24時間です。他の星は人が住めても不自由です。

地球がわかれば他の惑星も分かりますね。水星の一年は88日、早すぎますがなんとかなります。しかし、水星の自転周期は１４０８時間、朝日が登ったら、700時間、約30日は沈まず、太陽が照り続けます。暑くて参ってしまいます。土星では一年が１０７５３日、地球の30年位です。代わりに一日は11時間で、目まぐるしく、昼と夜が交代します。

こうしてみると地球だけが一年は365日、一日は24時間、しかも平均気温は15度位、うまく出来ていますね。一年は三学期に分かれていて100日位で学期が変わる。一日も疲れた頃に夜が来る。気温も〝暑からず寒からず〟で素晴らしい環境のもとに生活ができる訳です。

地球の良さが分かったので、一年の反省と来年の計画を立て、明日から頑張りましょう。

心のこもった挨拶

上野台中全校朝会　'00年11月20日

先日、ある人が道路で仕事をしていたとき、挨拶を良くする中学生のことが話題になったそうです。調べたら「上野台中学校の生徒だと分かった」と褒められました。自分が褒められた気がして嬉しかったですね。

皆さんも知っているように、礼は人と人とがコミュニケーションを取る上で最初の入口です。声に出さずとも会釈や笑顔の様子を見れば好意や感謝の気持ちが伝わります。ですから、挨拶はいつも丁寧に、心を込めてしましょう。

その中で特に、心に留めておきたいのが『残心』という行為です。これは相手に「心を残す」というもので、意味が難しいので説明します。

これは礼をして身体をもとに戻した後の〝間〟を言います。具体的に言うと礼の後、ニッコリ相手を見つめたり、相手を見送ったりする、ちょっとした心遣いのことです。

『残心』がまったくない行為を三つ（私が全部経験した）話します。

一つ目は相手が先に挨拶をしてくれたので、そちらを向いて挨拶の言葉を返そうとしたところ、相手は反対方向を見ているというものです。これでは挨拶をされた人はがっかりしてしまいます。ちょっとでも待って、視線を合わせてもらいたいですよね

二つ目はお客様が玄関を出た途端に、鍵を『カシャン』、外灯を『プツン』これは全く〝残心〟がない証拠です。失礼です。少し離れるまで見送るのが残心というものです。

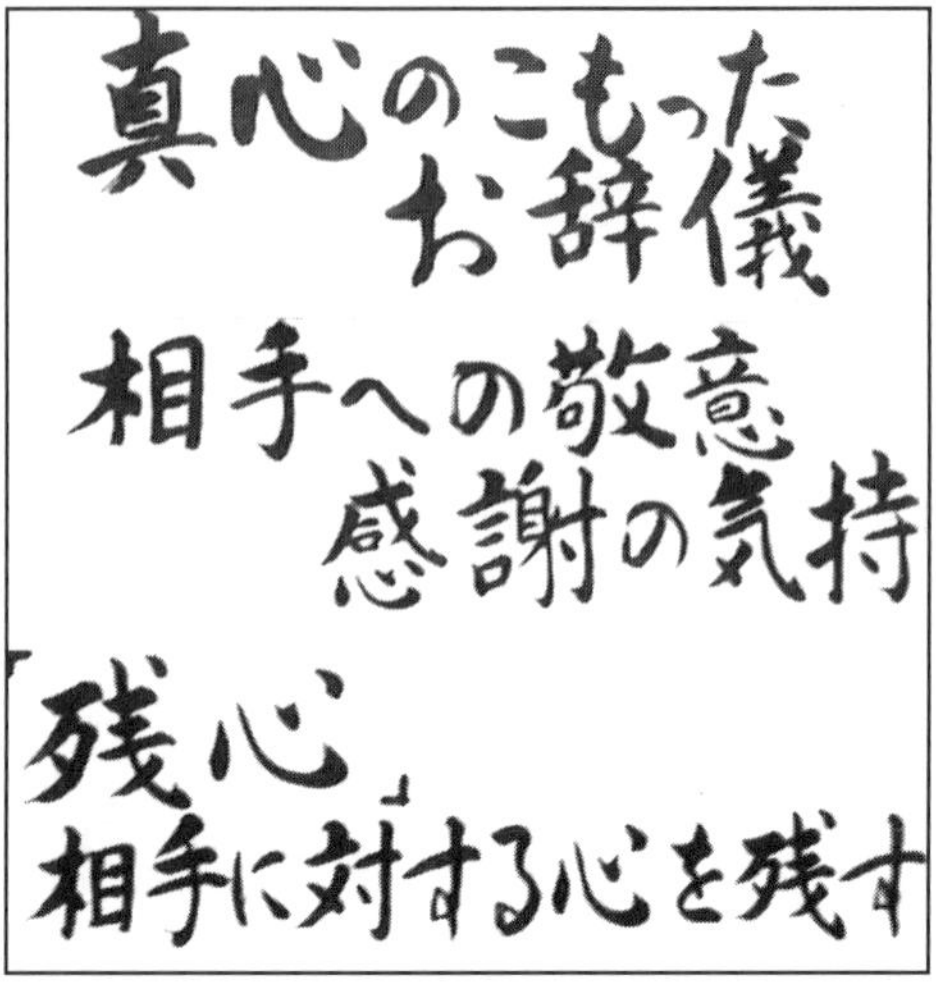
真心のこもったお辞儀
相手への敬意
感謝の気持
「残心」
相手に対する心を残す

三つ目は三年生の面接練習のとき、感じることです。校長室での練習「ありがとうございました」と言うだけで、感謝の気持ちを棒に振る人が二種類います。半分は顔を上げながら、頭を左右に振って髪を分けるのです。残りは手で髪を整えます。

これは大変失礼なことです。相手に感謝を伝えるより、自分の髪を整えることが大事で、それ以外は頭にないことの証です。私が入試の面接官なら、大きな減点を付けます。

礼のことを話したので、ついでに卒業式の話をします。先生方も一緒に聞いてください。全員で礼をするとき、どの学校でも「礼！　1・2・3」と指導をして、揃えさせます。1は体を曲げ始め、2は一番深いところで止め、3で身体を元に戻させる。ロボットのように、機械的に頭を下げるだけなのです。見かけはきれいに見えますが、この挨拶のどこに心がこもっていますか？

礼には心がこもってなければなりません。〝礼三息〟という言葉があります。礼を始める前に息を吸い、呼吸を整えます。次は息を吐きながら深く曲げたところで止めます。三番目に息を吸いながら体を起こします。こうすると、すべての人の礼が一致して、感謝の気持ちが身体から発せられます。

全体練習の一回目は1・2・3で良いですが、教師の皆さんは礼の意味をしっかり説明してください。

「教育はロボットを作るのではない。人間を育てる」のですから。

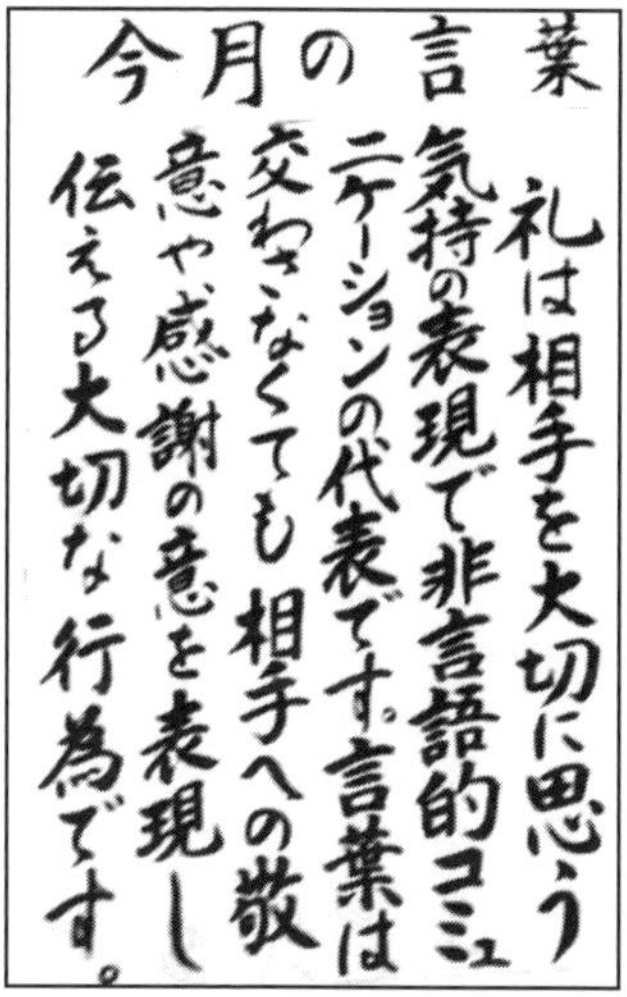
今月の言葉
礼は相手を大切に思う気持の表現で非言語的コミュニケーションの代表です。言葉は交わさなくても相手への敬意や感謝の意を表現し伝える大切な行為です。

白山中学校時代

学校教育目標とは

白山中全校朝会　'01年5月19日

おはようございます。今日は最初の全校朝会なので教育目標の話をします。昔、航海する船の行き先は灯台を目安にしました。その役目をするのが学校教育目標といいます。（現在ではGPSが全てかも知れませんが）

学校は先生が何人もいます。ところが先生の指導方針や目標がバラバラでは生徒も困ってしまいます。「船頭多くして船、山に登る」という格言もあります。ですから先生は共通の目標を決め、全員一致で「こういう生徒に育てていこう」と決めたのが学校教育目標「心豊かなたくましい生徒」です。

具体的には授業や学校生活全般で進めますが、校長は全校朝会で説明していきます。「思いやり」とか「豊かな心」は単なる同情やお遊び仲間では育ちません。高め合う関係でなければならないからです。

校長になった最初の年のことでした。掃除の時間になると、三年生の女生徒がグルになっ

> 教育目標は21世紀に生きる皆さんが心豊かで、たくましく生きて行けるよう、本校教育の目やすとしたものです。学力とはテストの成績だけでなく幅広い意味があります。

て、いつも失踪してしまうのです。私は探しだして、掃除の時間中、ついて回りました。

　すると次の日、そのうちの一人の母親がベンツに乗って学校へ押しかけてきました。「うちの子がしていることは友情なのですから、学校ではとやかく言わないでください」。私は二の句が出ませんでした。世の中にはそういう親がいるんですね。【小さな声で「この学校にはいないでしょうね」】

「健康な生徒、明るい生徒、たくましい生徒」はいつも目標に入りますが、保護者から早速言われました。「健康とはどういうことか。単に体が丈夫なら健康というのか？」そこも理解してもらわないといけないですね。

　こういう質問もありました。「明るいだけを目標にしてよいのか、人には個性があるから、暗くても良いではないか、それも個性だと思います」。でも、暗いままでいるより、明るく心がけたほうが得だと思いますけど。こう考えると言葉一つとっても、難しいものですね。しっかり説明して、理解してもらわなければなりません。

私は皆さんの前に提示しましたが、今、話しきることはとても不可能です。一年間かけて全校朝会をはじめ、いろいろな機会に説明します。担任とは授業、学活、道徳の時間など学校生活を通して考えてください。

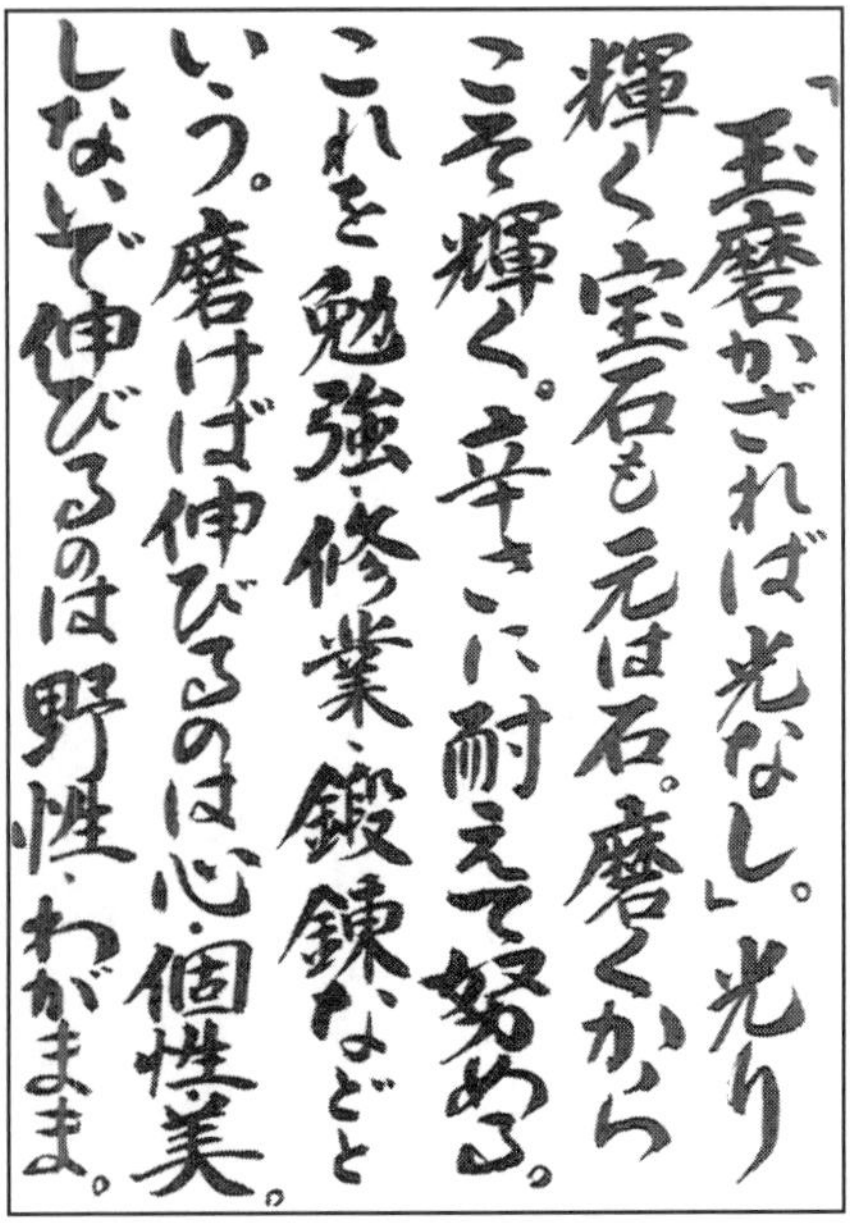

「玉磨かざれば光なし」。光り
輝く宝石も元は石。磨くから
こそ輝く。辛さに耐えて努める。
これを勉強・修業・鍛錬などと
いう。磨けば伸びるのは心・個性美。
しないで伸びるのは野性・わがまま。

口は一つでも耳は二つ

白山中一学期終業式 '01年7月19日

おはようございます。いよいよ明日から夏休みです。皆さんも「やっと休みになったか」が実感ではないでしょうか。それにしても暑かったですね。

今日は終業式なので、各学年の代表が一学期を振り返り、反省と決意を語ってくれました。皆、考えがしっかりしていますね。それだけでも感心しているのに、学年が進むと内容がさらに充実していました。

この学校の生徒を見ていると、昔からの伝えを思い出します。聞く耳を持たなかった少年は母からこう諭されたそうです。「口は一つだけれど、耳は二つもあるのよ、どうしてだか分かる?」（後日追加：皮肉なことですが、自伝の中で、この話を書いたのはカルロス・ゴーン氏でした）

これは「話すことも大事だけれど、人の意見を聞くことはもっと大事だ」という教えなのです。私は母から聖徳太子の話を何度も聞かされたことを思い出しています。

口は一つなのに
なぜ耳は二つなの
〝それはね、人間の向上には
聞く耳を持つ〟ことが欠かせな
いからなんだよ。言い分けば
かりしていると その事に能力
を費やし、進歩がないんだよ。

今の皆さんに説明するのはまるで〝釈迦に説法〟のようですが、こうして話している間、お喋りをする人は全くおらず、私を注視し、シーンと耳を傾けてくれます。素晴らしいことだと思います。

自分の経験から、夏休みが近づくと「休みになったら、あれもしよう、これもしたい」と思いながら、終わり頃になると「あ～あああ、今年も終わっちゃった！」となる夏休みでした。

でも皆さんは私の話に、これだけ集中して耳を傾けられるのですから、そんな失敗は繰り返さないと思います。

9月1日、笑顔の皆さんに会えることを楽しみにしています。

自律の心

白山中入学式・進級式

'02年4月8日

新入生と保護者の皆様、ご入学おめでとうございます。思い起こせば、たったの12年前、新入生の皆さんはこの世に生を受けました。当時、夜中を過ぎても泣き止まない赤子の君たちを抱え、両親は自分も泣きたい気持ちだったでしょう。熱が下がらず病院に走ったこともあったでしょう。

小学校の入学式では親が手を引いて学校に向かったときの記憶も消え去らない今、親よりも先に歩き、こうして中学校の会場に立っているのです。

そんな12年間の思いを振り返ったとき、中学校への入学、本当におめでとうございます。両親の苦労は新入生の皆さんだけでなく、在校生のみなさんも忘れずに毎日を過ごしてください。

さて、新入生の皆さん、新しい制服の着心地はいかがですか。先日の小学校の卒業式から比べると別人に生まれ変わったとさえ感じられます。新しい制服に身を包み、キリッとした姿、頼もしいです。

ところが全国の成人式はどうでしょう。おしゃべりをしたり、酒や煙草を吸ったりして騒ぐバカがいました。そんな連中はほんの一部なのですが、子供にできることが、どうして成人にできないのでしょうか。

それは……（間）人間だからです。犬や猫は一度躾をすれば一生そのとおりにします。渋谷の駅前にある忠犬ハチ公の銅像がそれを物語っています。ハチは主人が死んでも毎日駅に迎えに行きました。自ら考えての行動ではないからです。昔、ハチの行動は讃えられました。何も考えずに国の方針に従わせようと、ハチを国民に見立てたのです。そういう教えを修身と言います。

しかし、本校がもっとも大切にしている目標は「自ら考え行動できる生徒の育成」です。ある意味、小学生は先生や親が言えばそのとおりにします。しかし、中学生になると自分で判断して行動することが要求されます。

人間は「自分ではしっかりやろう」と決意しても、「楽をしたい、怠けたい」という気持ちに負けてしまうことがあります。この弱い気持ちに打ち勝って、自分の決めた方針をやり抜く力が「自律の心」なのです。

中学生活は皆さんの一生を決める重要な期間です。2・3年生の皆さんもこの意味をしっかり胸に刻んで過ごしてください。

今年、最初に贈る言葉は「自律の心」です【ここでこの言葉を演壇に下げる】。

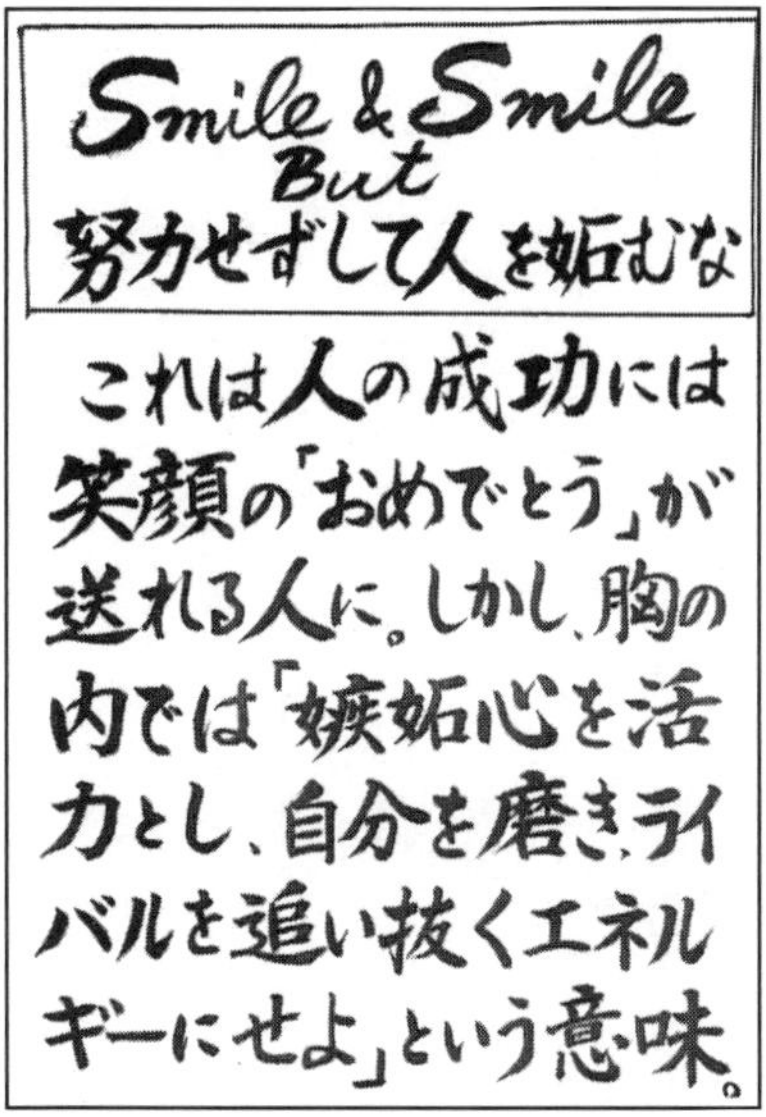
Smile & Smile
But
努力せずして人を妬むな
これは人の成功には
笑顔の「おめでとう」が
送れる人に。しかし、胸の
内では「嫉妬心を活
力とし、自分を磨き、ライ
バルを追い抜くエネル
ギーにせよ」という意味。

一番大事な教科

白山中全校朝会 '03年6月6日

今日《コンニチ》、日本中で「言葉が乱れている」という声が挙がっています。皆さんは自分の言葉遣いに気をつけていますか。国語の勉強、しっかりやっていますか。

多くの人が「これからは国際化の時代だ。」「インターネットは英語でする。」「コミュニケーションも英語でする。」「だから英語が一番大切だ。」という人は増えています。もっともなことです。だが、それだけで良いのでしょうか。

日本人は他のアジアの国々と比べて英語が苦手だとか、習得が遅いと言われます。それを卑下する必要は全くありません。なぜなら、インドやフィリピンを考えてください。それらの国は英語圏の国々の植民地にされてきたからです。

植民地でうまく生き抜くためには、支配国の言葉が必要です。幸い日本は自国語と文化を守り切ることが出来ました。これは素晴らしく、誇るべきことです。日本人は英語を話す必要がなかったのです。

どうしても外国語が話したければ、その国へ2～3年行き日本語を断って生活してくれば良いのです。誰だって話せますよ。学校へ行ってない人でも喋れます。でも、これからの時代は国語をもっとしっかりやる必要があります。

話は変わりますが、明治になり新政府が発足しました。初代の文部大臣は森有礼《ありのり》です。彼は「これからは国際化の時代なので、日本語を止め、英語を母国語にしたい」という内容の手紙をアメリカに送りました。

明治五年、初代文相、米国への手紙で「国際化のため、日本語を英語に変える」と伝えた。相手は「一国の文化の発達は必ずその国の言語によらねばならない。」とたしなめたという。正しい日本語で表現し相手の意見を聞くことは国際化の第一歩。

すると向こうの文部大臣から「一国の文化の発達はその国の言語によらなければなりません」という手紙が送り返され、日本語が守られたのです。

ところで、あなたは考えるとき何語で考えますか。英語の得意な人でも考えるときは日本語ですよね。すなわち思考は母国語でするのです。だから、色々な考えを整理したり、難しいことを論理的に考えたりするときは自分の国の語彙をしっかり理解し、使えるようにする必要があるのです。

最近、若者が「キレル」と言われます。原因は簡単です。頭に血が上ってしまい、思っていることが適切な語彙で表現できない現象を言うのです。

表現力のない幼稚園や保育園の2～3歳の園児は自分の考えを、上手に伝えられないとき、暴れたり、噛み付いたりします。キレル中学生というのはその程度のレベルなのです。

これからはそう思って付き合うことが必要です。

最後に、今日の言葉「一番大事な教科は国語です」


昔読み、書き、そろばんが学習の基本と言われた。時代は進んでコンピュータ学習は重要な柱の一つになった。しかし、その比重が増すほど読むこと、聴くことの大切さが大きく見直されている。

大人たちに聞かせたい

白山中生徒会の立会演説会講評 '03年10月17日

私が教諭として生徒たちを直接教えていた頃、こう言われていました。「酒井先生に褒められると本当に嬉しい、なぜなら、それは本物だからです。酒井先生は褒めの安売りをしないからです」。

安売りをしない私が言うのだから間違いありません。今日の立候補者たちの演説の内容、態度、話の組み立て、声量、すべて素晴らしいです。感動しました。これは立候補者の一人ひとりが生徒会が何であるかを自覚していたからだと思います。先生の指導も良かったのでしょう。

もう一つ忘れてはいけないことがあります。それは演説を聞く人たち、すなわち聴衆の態度、候補者に向ける視線の鋭さです。立会演説会というのは両者が良くて初めて中身の濃いものができ上がります。国会議員と有権者全員に聞かせたい内容でした。

残るは投票です。誰に投票するかです。友達だから入れる、同じクラスだから入れるのではなく、この人ならやってくれるだろうと立候補者を信頼して投票することです。

当選した人は相手の分まで働いてください。落選した人は家に帰ったら思い切り泣いてください。この貴重な体験はいつか、きっと活かされます。落胆しないでください。

そして明日からは当選した人の力となってください。生徒会というのは役員だけが進めるのではなく、皆で支えていくものだからです。そうすることが自分自身の成長にも繋がります。

これからの活躍を期待します。

生徒一人あたりの教育費

白山中全校朝会 '03年10月20日

今日は授業料について考えます。皆さんの通っている学校は公立中学校なので授業料はありません。一部の生徒は授業料（月謝）を払う塾の授業はしっかり取り組むが、学校は無料なので手抜きをすると聞いたことがあります。とんでもないことなので、今日はしっかり教えます。

そのきっかけとなったのは、私が皆さんの体育の授業をジーッと見ていたときのことです。準備運動のストレッチをまともにしてない人がいるのです。もったいないですね。これではタコに柔軟体操（やる意味がない、無駄なこと）をさせるのと同じです。私はジムに通っていますが、一ヶ月に一万円、大体一回千円払っています。塾だって同じようなものでしょう。

さて学校に戻ります。白山中の建設費はいくらかかったと思いますか。当時校舎の建設費が5億円、電気、排水、プール、体育館等で9億円（校地はずっと市のものなので計算に入れません)、隣の南中は35年で建て替えたので35年で割ると償却費は年間4千万円、県から払われる先生の人件費が年間1億7千万円、市の予算が2千万円でした。生徒数324人で割ると一人あたり年間約70万円です。一ヶ月の月謝6万円となります。ただじゃあないのですよ。【掲示した資料で説明する】

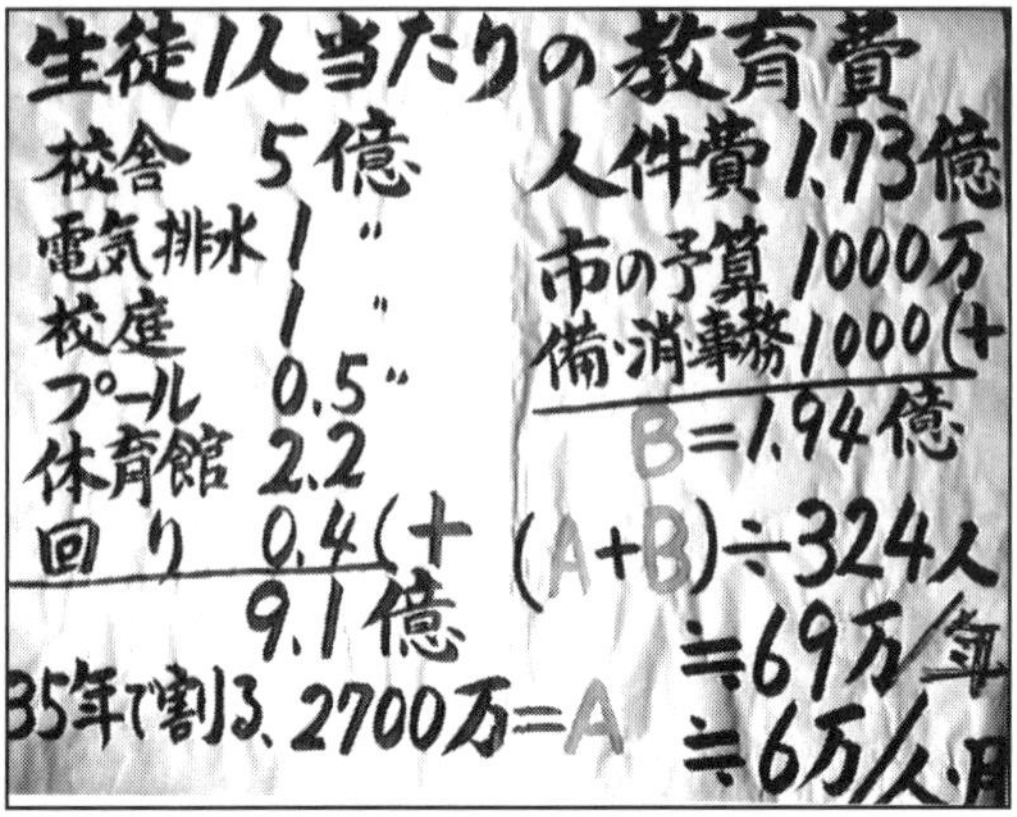
生徒1人当たりの教育費
校舎 5億
電気排水 1 〃
校庭 1 〃
プール 0.5 〃
体育館 2.2
回り 0.4 (+
9.1億
35年で割る、2700万=A
人件費1.73億
市の予算 1000万
備消事務 1000 (+
B=1.94億
(A+B)÷324人
≒69万/年
≒6万/人・月

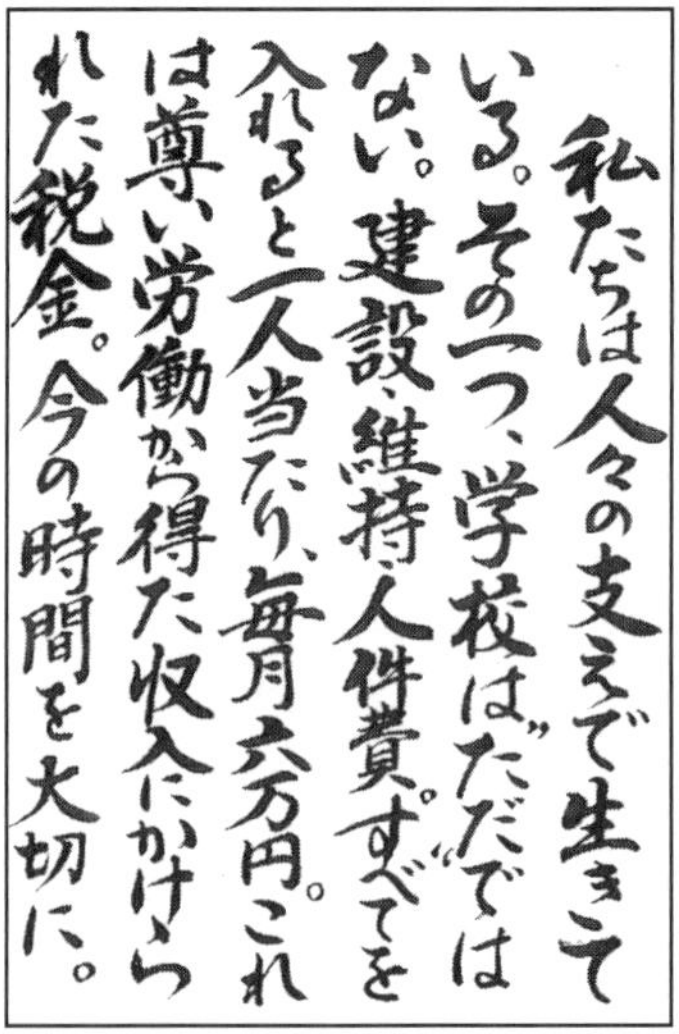
私たちは人々の支えで生きている。
その一つ、学校はただではない。
建設、維持、人件費、すべてを入れると一人当たり、毎月六万円。
これは尊い労働から得た収入にかけられた税金。
今の時間を大切に。

お金を直接出すのは国や埼玉県、東松山市ですが、それらはすべて地元の人達、学校へ行ってない家も納めた税金です。ですから、地域の人たちが地元の中学校の教育や生徒の様子を注視するのは当たり前なのです。

こう考えたとき、力を抜いたり、ふざけたりして折角のチャンスを棒にしているのはもったいないことです。学校での時間を大切にして、近い将来、税金を払える大人になることです。

そして、その金で次の世代を育てる、それが皆の義務であり、責任なのです。

あなたはどっち向き？

白山中全校朝会　'03年11月18日

人の生き方には六つの向きがあります。前向き、後ろ向き、横向き、斜《はす》向き、上向き、下向きです。

まず〝前向き〟ですが、今年の校内マラソン大会は、事前の三年生の取組が良かったですねえ。レベルの低い学校では速く走れるのに練習中は手抜きをして、本番で格好良く走るという人がかなりいます。これでは力は付きません。本校の三年生は日頃の練習を全力で取り組んでいます。これが〝前向き〟そのものです。素晴らしい！

次は〝後ろ向き〟これは前向きの人をチャラ化したり、足を引っ張ったりする行為です。こういう連中がいる学校は、生徒全体の力が伸びません。うちの学校にはそういう〝バカ〟は一人もいません。

〝横向き〟は先生が指導しても、横を向いてしまって耳を貸さない人を言います。人はそれをヘソ曲がりと言いますが、私は〝穴《けつ》曲がり〟と言っています。進歩のない、損な人

**素直な生徒は
よく伸びる**

間を言います。長年教師をしているとよく感じます。〃素直な生徒はよく伸びる〃真実です。【上記の標語を掲示する】
〃斜向き〃他人の言葉に疑いの目を持って、半身に構える人です。確かにボクシングは正面ではなく半身に構えますが、これは戦闘モードなのです。しかし、日頃から斜向きに構える人は体から悪いホルモンが出ています。【実演しながら話す】
このことは私の兄がいつも話していました。戦時中の国民学校や旧制松山中学（現在の松山高校）で風を切っていた連中は、その殆どが早いうちに亡くなってしまったと言うのです。
下級生をぶん殴ったり、タバコを吸ったり、大酒を食らったりしていた連中はいつも悪いホルモンが出ているのでしょう。喧嘩はよくする。車で抜かれれば抜き返し、事故も起こします。気分が不安定なのでしょう。人生が終わるとき気づいても、もう遅いのです。
〃上向き〃は良くも悪くも使われます。坂本九の〃上を向いて歩こう〟は「希望を持って生きよう」ということの例えです。

最後に〝下向き〟ですが、これは文字通り、いつも頭を下に向けていることで〝うつむく〟とも言います。これでは人生が暗くなります。

最後に、これを聞いた皆さん。人生を前向きに、爽やかに進んでください。きっと、いいことが待っていますよ。

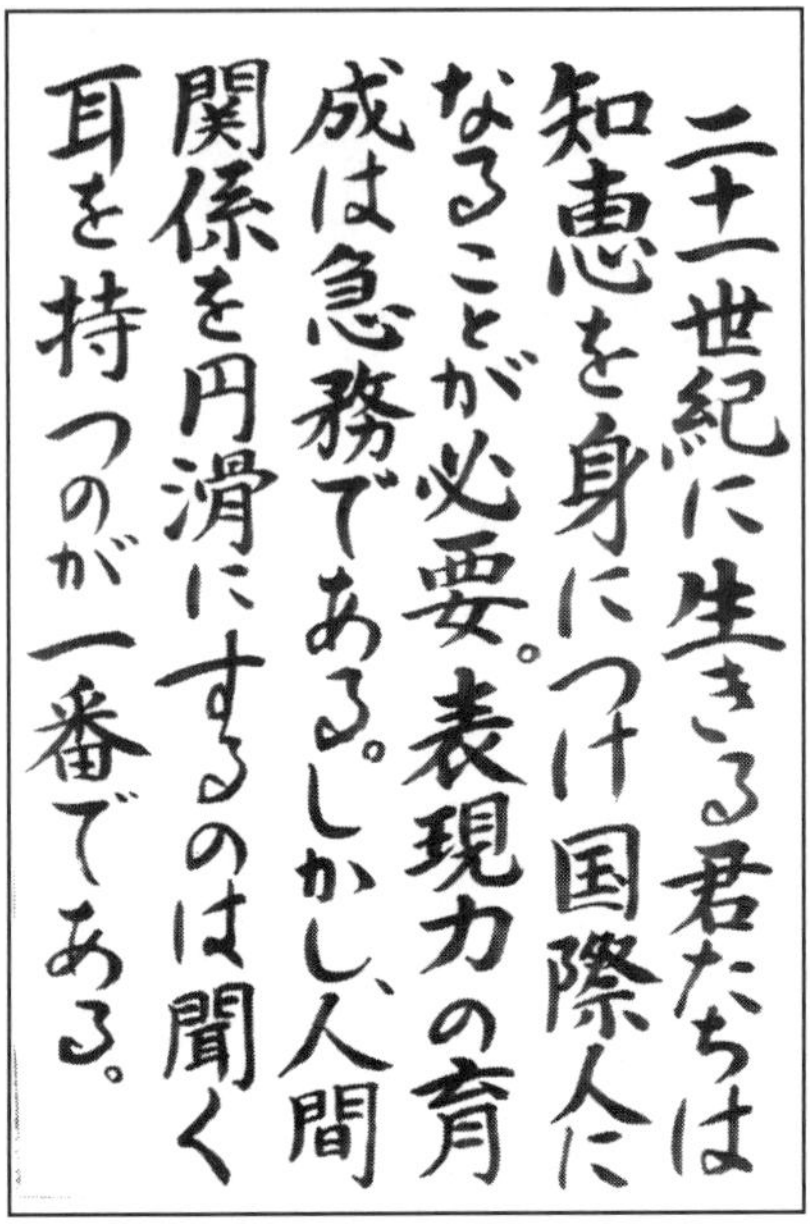
二十一世紀に生きる君たちは
知恵を身につけ国際人に
なることが必要。表現力の育
成は急務である。しかし、人間
関係を円滑にするのは聞く
耳を持つのが一番である。

目標を必ず達成する方法

白山中三学期始業式

'04年1月8日

二学期の終業式「年末年始は自分が一年間やってきたことを反省し、つぎの一年の計画をたてるのに大事な時期」という話をしました。

三学期の始業式では、四人の代表が新年の抱負を語ってくれました。全員が反省と計画をしっかり語り、実行することを力強く宣言していました。頼もしい限りです。多分、この計画は代表者だけではなく、白山中の生徒全員の宣言で、皆さんは絶対に実行すると確信しています。

多くの人は自分の計画を実行するために、次の格言をよく口にします。『継続は力なり』です。とても良い言葉ですね。でもこれは具体性に欠けます。

私はそれを一歩進め『目標は高く、努力は着実に』という言葉を胸に努力してきました。今年度はさらに大きな目標を立て、全部できなかったとしても「八十%出来たら良し」としてみましょう。

すなわち〝八十%達成出来れば良い〟とする心の余裕です。クヨクヨしないことです。ただし、初めから八十%の実現を目標にするのではありません。誤解しないでください。

「そうは言っても、校長先生はどうなのだ」と思っている人も多いでしょう。

私は実行宣言をします。学級だより、理科通信、学校だよりなど、全て生徒や保護者、教職員に宣言してしまいます。これって、結構きついです。でも自分で決めたことですし、宣言した以上、途中でやめたら示しがつかず、自分の権威もなくなりますから、必ずやり通しました。

今日は、つぎの格言を日光江戸村に行って、サルたちから聞いてきました。それを新年の言葉として贈ります。

『反省だけならサルでもできる』【反省ザルのマネを実演する】

品性について考える

白山中全校朝会　'04年2月16日

これまで私が話したことは、どこかの人が語ったことや、本に書いてあることではありません。全て自分が体験し、自分で考え、自分が創り上げた思いを語ってきました。

しかし、今回の話だけは私も同感だったので引用します。『センスのない人は万事に猥雑であり、教養のない人は服装も下品である。』（有名ブランド化粧品会社、社長の言葉）

これまで、どの学校に行っても最初は下品な生徒が若干名いて、とても話す雰囲気ではありませんでした。話しているうち「俺のことを言っている」と暴れられては困るので話せません。この話は生徒全員が聴く耳を持った状態でのみ話しています。

日本語では品位がある人を「センスがある、教養がある、格好良い」

魔法の鏡
あなたを世界一素敵な男(女)性に
してあげます。「はい、笑って！」

と何気なく使っていますが、英語で表現するとGraceful Elegant Gentle Refined などが考えられます。

これをくわしく日本語で表現すると優美、優雅、気品、魅力、しとやか、愛嬌、親切、紳士、淑女、慎み、わきまえ、洗練、高尚、こんなに言葉が出てきます。【単語一つひとつ掲示する】

〝格好いい〟と十把一絡《じっぱひとから》げで表現すべきものでないことが理解できると思います。

猥雑とはどういう意味でしょう。掲示した漢字はワイザツと読み「下品な感じがすること。本来そこにいるべきではなく、下卑てみだらなこと」を意味する言葉です。

「身《み》だしなみを正《ただ》すと人《ひと》は美《うつく》しくなれる。」身だしなみとは頭髪《とうはつ》や衣服《いふく》を整《ととの》え、ことばや態度《たいど》をきちんとすることをいう。

髪を変なふうに染めたり、ソリを入れたり、ズボンを半分おろして学校へやってくる人を言います。ベルトは腰にせず、穴《けつ》から、前は男性の陰部に下げ、ズボンを引きずりながら歩きます。

もっと分かり易く言えば、二歳の男の子がウンコを漏らしてしまい、股を開いてズボンを引きずっている格好です【実演して歩いて見せる】。

ああいう連中は「本来、学校にいるべきではない、下卑た人間」と言います。

コンビニの前にウンチングスタイルで輪を作る連中も猥雑と言えます。地元の人達は白山中の生徒を信頼しています。品位のある生徒の集まりと見ています。現在はもちろん、高校生になっても、あのような品位に欠ける猥雑な高校生にはならないでください。

尊敬される先輩

白山中修了式　'04年3月26日

今から11年前、川越の芳野中学校でこんなトラブルがありました。面白いのでお話しします。上級生（二年生）数人が下級生（一年生）のところへ難癖をつけに来ました。一年生を数人で取り囲んで「お前は生意気だ。二年生を尊敬していない」と言いがかりをつけました。すると答えた一年生、なんと答えたと思います？「だって、みんなは尊敬する価値がない。」

ちょうど先生が通りかかり、喧嘩にはなりませんでしたが、その後、芳野中学校の語り草として伝えられています。上級生だからといって、先輩風を吹かせても一年生は見ています。笑い話として下級生に伝わります。

先輩風を吹かす前に、自分の言動を振り返ってみましょう。学期が終わるたびにクラスの代表が一年間を振り返って、修了式の演壇で話します。それを要約するとつぎの三つになります。

一つ：一年生は不安なのです。その心理を探ってみよう。最初は誰もが不安ですから、こちらから挨拶をしましょう。先輩が挨拶をしてくれると安心するものです。
二つ：困っている人には思いやりのある言葉をかけよう。その言葉一つで心が安らぎます。
三つ：新入生には先輩ぶらないでいろいろ教えてあげよう。

部活の時間は特に良い機会です。親切に教えてくれる先輩は尊敬されます。くれぐれも先輩風は吹かさないようにしましょう。

吉見西小学校時代

頭を良くする方法

吉見西小全校朝会　'04年7月6日

今日《きょう》は朝から暑いですね。皆さんは遠くから、汗を流して歩いてきました。偉かったね。ところで、何をするために学校へ来たのですか？『勉強！』（という声が多数あり）そうです。皆さんは勉強が好きなんだよね。勉強は、するからには少しでも出来たほうが良いよね。

そこでね、みなさんの頭が少しでも良くなる方法を教えます。まず学校の勉強や宿題をしっかりやること、これは当たり前なことです。

ここからが秘訣です。家の手伝いをたくさんすることです。人間はイヌやネコから比べると格段頭がいいです。それは手を自由に使えるからです。手を自由に使えるのに使わないと脳が活動（活発に働く）しません。

手は使えば使うほど頭が発達します。家に帰ったら皿洗いや掃除など手を使うお手伝い、ボール遊びやバドミントンなどのような手を使う遊びをしましょう。字や絵を書きながら勉強をすると頭に入りやすくなります。

もう一度言います。イヌやネコと人間、体の中にある物も、外についている物も皆同じです。違うのは手が自由に使えるかどうかです。大昔の人間は手をいっぱい使ったから、イヌやネコより脳ミソが大きくなって、知恵が発達したのです。これからはもっともっと手を使いましょう。

分かったかな？　（ハ～イという大きな声）

君《きみ》は頭《あたま》を活発《かっぱつ》に働《はたら》かせたくないか！それには手《て》を使《つか》うことだ。人間《にんげん》は手が使えたから進歩《しんぽ》した。では、どんなことをすればよいか。

オリンピック選手になりきって

吉見西小運動会　'04年9月18日

おはようございます。今日は運動会のためにあるような良い天気ですね。朝早くから、両親を始め、お爺ちゃんやお婆ちゃん、地域の人までいっぱい応援に来てくれました。頑張りましょう。

今年はアテネオリンピックがありました。すごかったですね。皆さんもオリンピック選手になりきって、手を大きく降って、腿を高く上げて思いっきり走ってください。きっと速く走れると思います。ただ競争である以上、全員が一番になれるとは限りません。一番になれなくても、最後まで力一杯走りましょう。

最後に、三階のベランダに目を向けてください。児童会が作ってくれた運動会のスローガンがあります。『巻き起こせ、赤、青、緑の旋風を！』いいですね。

児童会が良い応援の旗を作ってくれたので、校長先生も負けずに応援します。でもね、校長先生は赤団、青団、緑団の一つだけを応援するわけにいきません。

どうしたら速《はや》く走《はし》れるか。遠《とお》くへ跳《とべ》べるか、投《なげ》げられるか。それには練習《れんしゅう》が必要《ひつよう》です。でも考《かんが》えたり工夫《くふう》しないと上達《じょうたつ》しません。

【そこで誰もが想像しないパフォーマンスをする。青と緑のネクタイをサッと左右にずらし、中央に赤、右には緑のネクタイ、左には青の三色を見せる。】

「校長先生は青団、赤団、緑団、すべてを応援しているので、一つの色だけにする訳にはいかないのです」。

【この演出に５００人の児童はもちろん、保護者も教員も度肝を抜かれたらしい。驚きと笑いの渦が巻き起こる。前列に並んだ三十人の来賓は身を乗り出して、私のネクタイを覗き込み喜んでくれる。】

追加：運動会、体育祭の校長の服装

天皇は国民の象徴だが、校長もその学校の顔、そこで運動会や体育祭は最高のパフォーマンスをした。着古したジャージ姿ではなく、いつも'64年東京オリンピックで入場する日本選手団をイメージして壇上に立った。赤のスーツは持っていないので、紺のスーツに白ズボン、薄いブルーのスーツに紺ズボンを組み合わせ、白いハットをかぶった。この日は青のネクタイだった。

後日談

三年生の児童が近づいて来て「校長先生！　今日はネクタイ三本しないんですか？」「やだよ。毎日していると、頭がおかしいと思われるじゃない！」

自慢話（そこまで記録するか！）

2年生の女子児童が走ってきて「校長先生！」「なあに？」「校長先生って、いつもかっこいいね！」だって

（'04年9月19日　運動会後の出来事）

江戸博と国会議事堂

六年生作品より

五月晴れ
平和を楽しむ
江戸の町

江戸博の
金色みこし
見ていると
夏祭りの日
思い出す

バスに乗る
都会のけしき
木少ない
ビルがいっぱい
人もいっぱい

TUNAMI

吉見西小全校朝会　'05年1月18日

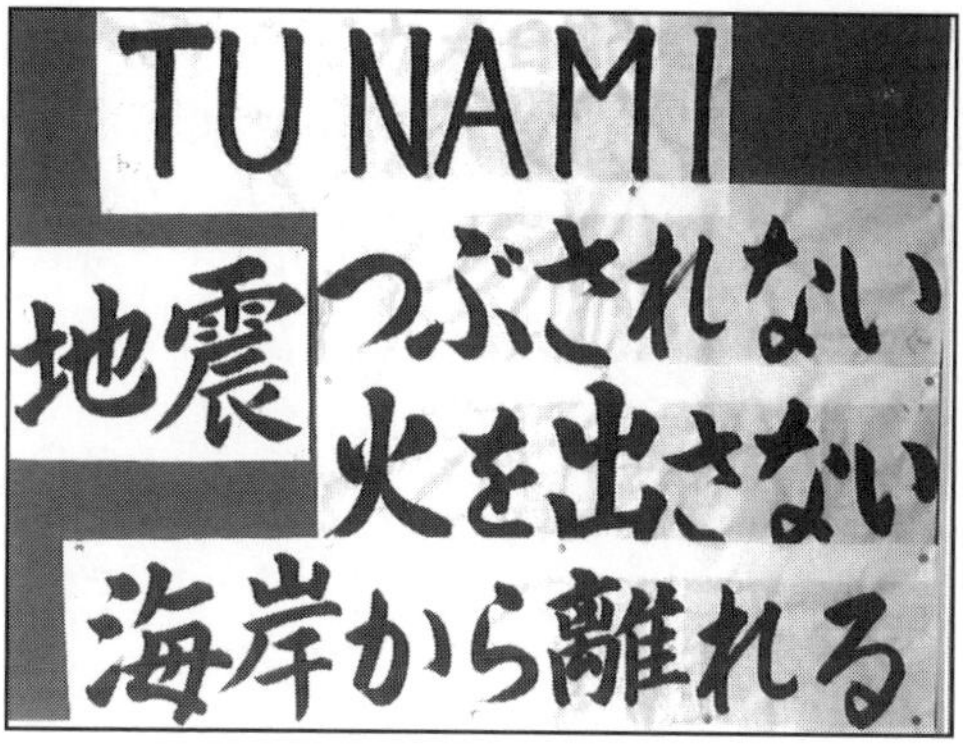

これからカードを見せますが【必要な単語カードを用意】、読めても声に出さないでください。このローマ字です。はい、読めた人は手を上げてください。(四～六年生の七十%が手を挙げる。) 次に、低学年の児童には漢字と平仮名で津波《つなみ》を見せる。

最近のニュースを見ているとスマトラ地震とか中越地震の言葉が何度も出てきます。大きな地震が起きると、必ず大きな津波が来ます。私たちは関東平野の真ん中に住んでいますし、西小学校は海からの高さが七十メートル位の所にあるので、ここにいる限り津波は絶対に来ません。

しかし、みなさんは大人になると大きな街や海の近くに住むことになるかも知れません。旅行や海水浴に行くこともあります。

海岸で遊んでいるとき、大きな地震があったとします。揺れを感じたら、何はさておいて、早く海岸から逃げましょう。近くに山があったら、少しでも高い場所に登ることです。持ち物なんかどうでもいいの。命のほうが大切です。

スマトラでは大きな地震の後、海水がサッと引いて、海岸が広がりました。すると、大人も子どもも浅瀬に取り残された魚を取りに戻ったというのです。そこへ津波がやってきて、十一万人が亡くなりました。これは東松山市と、吉見町を合わせたくらい多くの人が亡くなったと言えます。

今ここに貼ったTUNAMIという言葉の元は日本語です。津波は何回も日本を襲っているので研究も進んでいて、TUNAMIが世界共通語として使われるようになりました。

「海岸で地震が起きたら津波が来る」この知識があるのと、ないのとでは生きるか死ぬかの違いがあります。これだけは覚えて家に帰ってください。

幼保育園での挨拶

お祝いの挨拶　'05年3月19日、29日保育園

園児のみなさん、卒園おめでとうございます（すると園児が声を揃えて『ありがとうございます』と返答あり）。私は小学校の校長先生を代表して、お祝いに来ました。小学校は吉見町に、全部で六つあります。どこに行っても庭は何倍も広いです。その広い庭で、たくさんのお友達と一緒にかけ足をしたり、鬼ごっこをしたりして遊びましょう。

仲良くなるにはまず、挨拶が大事です。最初、私が言いますから、その後、皆で大きな声で言ってみましょう。

「おはようございます」『おはようございます！』なかなかいいぞ。

「ありがとうございます」『ありがとうございます！』調子が出てきたぞ！

つぎは、帰るときの挨拶を言います。

「さようなら」『さようなら！』合格！

それではみなさん、先生も待っていますから、交通に気をつけて学校に来て、お友達を

いっぱい作って、しっかり勉強したり、楽しく遊んだりしましょう。(間)

さて、保護者のみなさん、本日は卒園、誠におめでとうございます。これまでの苦労が実ったわけですが、小学校からのお願いを二ついたします。

一つ目は本をいっぱい読んであげてください。親の読み聞かせをたくさん聞いて育った子どもは知識の数だけでなく、集中力や先生の話に耳を傾ける能力が上達するのです。授業も集中して聞きます。

二つ目は登下校のことです。これまではバスや各家庭の車が子どもたちの送り迎えをしていました。しかし、学校は歩って通います。途中見通しの悪い所、信号、歩道のない所、カーブなど危ない所がたくさんあります。

そこでお願いがあります。4月8日の入学式までに、保護者の方は登下校の道を子供と一緒に歩いてください。どこが危険か、信号を渡るときや危険箇所の注意も教えてほしいのです。

歩かない大人が増えていますが、子どもは毎日歩きます。車で学校へ来るのではなく、徒歩か自転車で来てほしいのです。お願いいたします。

本日はおめでとうございました。

入学式の言葉

吉見西小入学式始業式　'05年4月8日

ピカピカの一年生のみなさん、入学おめでとう。

一年生になれて良かったね。西小学校は学校が出来てから百年以上経っている素晴らしい学校なんですよ。たくさんのお友達や先生と勉強したり、遊んだりできることも嬉しいですね。

小学校は遠いけれど、皆はもう大きくなったので、自分で歩いて通えます。雨が降っても風が吹いても、自分の足でしっかり歩いて学校へ来てください。学校は保育園や幼稚園と違って、勉強をする場所です。

通学班の上級生は一年生が安全に学校へ来られるように見守ってくれます。学校に来れば生活班で教えてくれます。心配しないで元気よく学校へ来てください。

（間）【話が長くなるのは覚悟して】

保護者のみなさん、ご入学おめでとうございます。学校は職員全員で、希望にあふれて入学《にゅうがく》・進級《しんきゅう》おめでとう。学校《がっこう》はたのしい。勉強《べんきょう》はおもしろい。みんなが仲《なか》よくなれるように、あいさつをしっかりしよう。

入学する子どもたちが、安心して学習に打ち込めるように応援いたします。皆さんも学校への支援よろしくお願いいたします。

まず、子どもを最高のコンディションで送り出していただきたいのです。家を出るとき、最高の気分で出かけないと学校生活が良い方向へ回転しません。

家に帰る途中も安心して帰れるよう、地域の学校応援団任せにしないで、時にはあちこちの通学路に出て、帰宅を見守ってほしいのです。

学校へ送り出したら、ハイ終わりというのでは困ります。学校は託児所ではありません。授業参観、学級懇談会、災害を想定した引き渡し訓練、運動会、持久走大会の見守りなど、できるだけ足をお運びください。特にお父さん方の参加も待っています。

中学生になると問題行動があちこちの学校で起こります。そのときになってまっさきに参加され、体育館の後方で校長を指さし「学校はこれまで何をしていたんですか」と言うのはお父さん方です。それは違うのではないかと思います。日頃は預けっぱなしで、何か

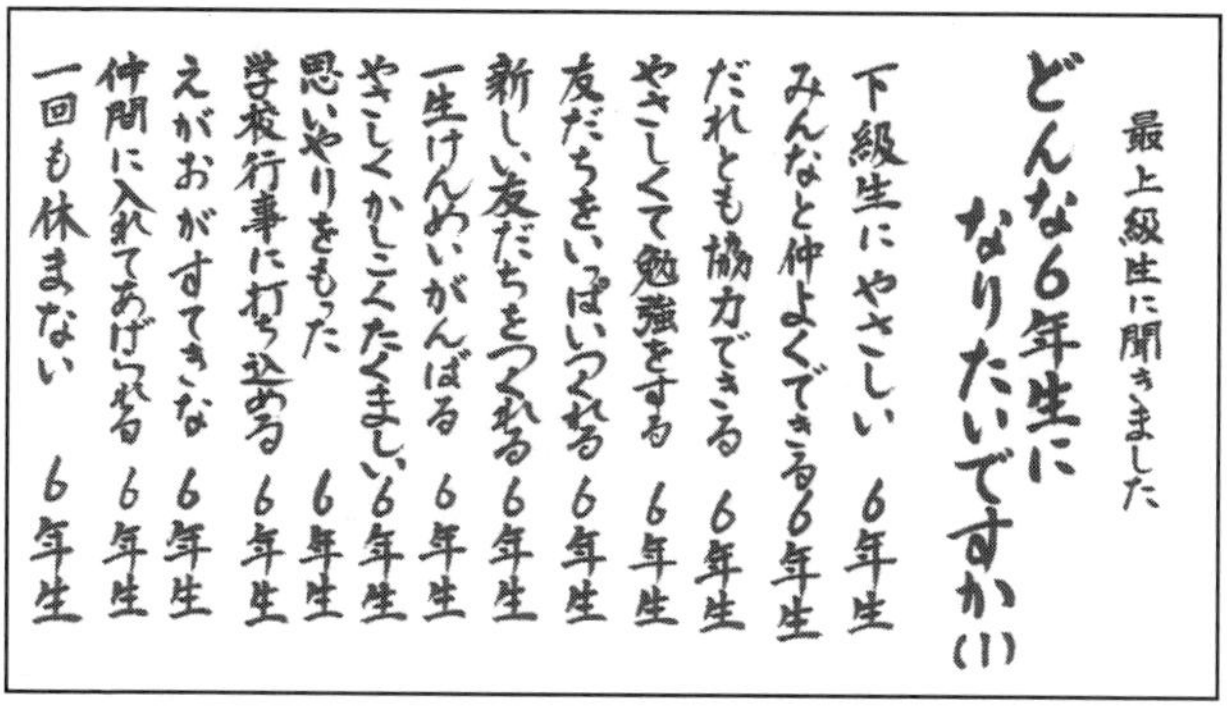
最上級生に聞きました
どんな6年生になりたいですか(1)
下級生にやさしい　6年生
みんなと仲よくできる6年生
だれとも協力できる　6年生
やさしくて勉強をする　6年生
友だちをいっぱいつくれる6年生
新しい友だちをつくれる6年生
一生けんめいがんばる　6年生
やさしくかしこくたくましい6年生
思いやりをもった　6年生
学校行事に打ち込める　6年生
仲間に入れてあげられる6年生
えがおがすてきな　6年生
一回も休まない　6年生

起きたときだけ、学校を責める。これでは学校は良くなりません。

校長は元校長で済みますが、お父さんは元お父さんとはなりません。いくつになっても、お父さんはお父さんです。そんな意味でこれからの熱いご支援をお願いいたします。

最後になりましたが、子どもは環境の中で育ちます。地域の代表である来賓の皆様の知恵と経験も頼りにしています。

学級懇談会の〝め・あ・て〟

吉見西小全校朝会　'05年4月18日

おはようございます。４月の最初の話です。西小学校の児童はお喋りをする人が全くおらず、話を真剣に聞いてくれるので、私はとても嬉しいです。

この字を読めますか？（四年生のところから大きな声が聞こえる）そうです「授業参観日」と読みます。今日は「授業参観日」の話をします。目当てはお父さんやお母さん（両親）が授業の様子を見る時間です。その後、学級懇談会をします。

〝学級懇談会〟というのは何をする時間か分かりますか？　これは両親が授業を見た感想や皆さんの学校や家庭での生活、他の友達との様子など先生と話し合う時間です。

私はこの学校に来て懇談会の様子を見てきました。授業参観のときはほとんどの人（30人以上）が来てくれます。ところが、次の学級懇談会になると半分以上の人が帰ってしまいます。残るのは５～６人です。これでは担任もがっかりします。

理由は授業参観が終わると、校庭に駐車した車に皆さんを乗せて帰ってしまうからです。

参観日《さんかんび》は親《おや》が子《こ》どもの授業《じゅぎょう》のようすを見《み》て、先《せん》生《せい》と話《はな》し合《あ》う時間《じかん》です。車《くるま》に乗《の》って帰《かえ》りたがっては、それができません。

これでは担任の先生の願いが親に伝わりません。皆さんが行く中学校ではこの数年、授業中に暴れたり、下級生をいじめたりする事件が続いています。そのときになって「学級懇談会をやってくれ」という声が上がります。それでは間に合わないのです。

そこで児童の皆さんにお願いがあります。お母さんが「乗せて行こうか」と言っても「僕は友達と歩って帰るからいいよ」と言ってください。間違っても「乗せて行ってくれ」と言わないでください。皆さんは歩くほど丈夫になって〝たくましく〟なれるのです。

【後日の学校だよりにも書き、授業参観日にも説明する。「誰か本当のことを言う校長がいるべきだ」と、敢えて子どもたちと保護者に伝える】

学級懇談会の目的

吉見西小・学級懇談会前の挨拶　'05年6月15日

こんにちは！　本日はお忙しい中、ご来校いただきましてありがとうございます。私が校長の酒井です。学校は新学期も三週目を迎え、計画通り軌道に乗りました。児童は毎日勉強に運動に励んでいます。

さて、今日の授業の様子はいかがでしたか？　この後、学級懇談会がありますが、今回は学級役員を決めたり、担任の一年間の方針や人となりを理解していただく良い機会です。私はこの学級懇談会への参加を強くお願いいたします。

それというのも昨年度皆様が書いてくださった学校評価やアンケート調査の内容を全部読み、その中身を検討しました。皆様の学校への要望や願いを読むと、これは紙上で説明するよりも学級担任や保護者同士で話し合うことが一番良いと感じました。各クラスで議題を決めて話し合ってください。

教室に入りますと、教室の前面に「今月の言葉」として掲示してあるのは、四月十八日の全校朝会の要点です。児童に学級懇談会の目的を説明し、この日は車に乗って帰りたがらないように説明してあります。

これまでは保護者が校庭いっぱいに車を乗り入れ、体育の授業はできませんでした。下校時になって何百台の車が走る校庭を児童が動き回ったら、いつ事故が起きるか分かりません。今日は授業参観が終わったら、子供を連れて帰らず、懇談会に参加してください。

5月23日には非常災害を想定した引き渡し訓練がありました。この日も児童は車に乗って帰る日ではなく、一緒に歩き非常災害時の危険箇所、不審者との対応などを話しながら帰るよう指導しました（これまでは毎回学校周辺が車で溢れ、緊急車両も通れませんでした。苦情もたくさんありました）。

帰り道では子ども110番の家も確認してください。引き渡し訓練の意義が高まると思います。子どもたちは日頃、110番の家に寄ってトイレを借りたり、水を飲んだりしています。親として、六年間に一度は「○○の親ですが、子どもの登下校の際、いつもお世話になっています。これからもよろしくお願いいたします。」という挨拶をするのも我が子に〝人の道〟を教える絶好の機会になります。これは歩かないとできないことです。

また多くの方々から要望の有りました〝学校一日公開〟の件ですが、7月1日（土）に行います。日頃、勤めの関係で授業参観や学級懇談会には参加できなかった人も、学校の様子が十分見られると思います。この日は校庭も体育の授業で使います。これまでのように校庭はもちろん、学校周辺には駐車できませんので、自転車か徒歩でおいでください、お願いします。

五年生男子の挑戦

五年生の男子が近づいてきて「校長先生！」「なあに？」「校長先生はいつも〝威風堂々〟としていますね！」だって。「なぜキミはそんなに難しい言葉を知っているの？」（卒業式の練習後）

この男子は水泳に自信があり、私に戦いを挑んできました。しかし、五十米自由形で私に負けてショックを受け、自分のほうが優れているものを探していて近寄って来るのです。「校長先生はお腹の筋肉が割れていますか？（何段にも筋肉が盛り上がっていること）」と聞かれる。「そこまで鍛えてないので、盛り上がってないんだよ。キミには負けた！」

それを聞くと、気分良さそうに離れていった。

「はい、やります」

吉見西小全校朝会　'05年6月15日（台風接近中）

お早うございます。今日の挨拶は元気があって、しかも爽やかな声ですね。こういう挨拶に出会うと、お互いに気分が良くなります。きっと良いことがありますよ。

今日は台風が近づいています。宮崎県では千三百ミリ、皆さんの身長くらいの大雨がふりました。天気が心配される中を元気に登校したのは〝偉い！〟遠くから傘を指して、濡れながら来たのですから、きっと勉強が好きなんですね。今日はいつもより、しっかり勉強をして帰りましょう。

秋《あき》は勉《べん》強《きょう》だけでなく
行《ぎょう》事《じ》がたくさんある。運《うん》動《どう》
会《かい》、徒《と》歩《ほ》遠《えん》足《そく》、西小まつり、
持《じ》久《きゅう》走《そう》大会、書《か》き初《ぞ》め、本《ほん》気《き》
で取《と》り組《く》む人は伸《の》びる。

さて、二学期はいろいろな行事（運動会、持久走大会、西小祭り、遠足）があります。先生が「○○をやりましょう！」と言ったら「ヤダな、かった

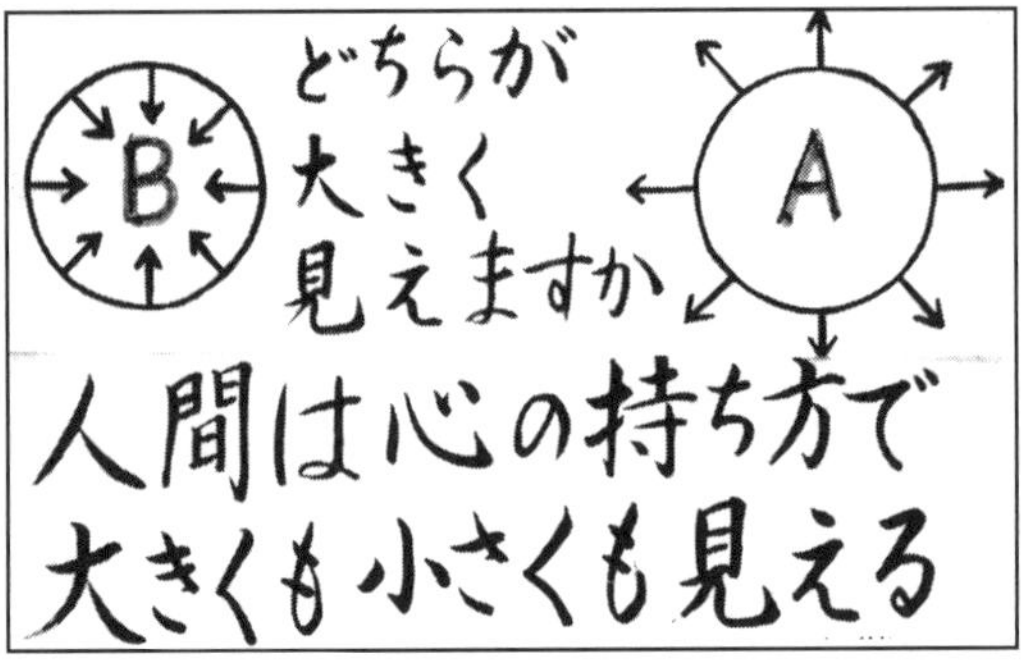

るいな」と言わずに「はい、やります！」と言って皆で参加しましょう。

ここに2つの丸があります。【片方には外向きの矢印。もう一方には内向きの矢印、裏にマグネットが貼った紙を掲示する】

AとB、どちらが大きく見えますか？（Aという声多数）そうですね、でも、これを重ねてみると……。同じです。

この2つの円は皆が授業や遊び、掃除や行事に取り組む時の気持ちの様子です。Aは「はい、やります」。Bは「やりたくないな、誰かやってよ」という気持ちを表したものです。

Aのような気持ちで長い間生活をしていると、心が大きくなっていくのです。Bのようにしていると、小さく見えるだけでなく、心も次第に小さくなっていきます。

二学期は何に取り組むときもAのような気持ちになり、積極的に参加しましょう。そうすれば学校がさらに楽しくなり、いろいろなことが上手になります。

埼玉県民の日

吉見西小全校朝会
'05年11月1日

11月14日は何の日だか分かりますか？（県民の日！と言う声多数）そう、県民の日です。なぜこのような日があるのでしょうか。

江戸時代、この辺りは武蔵の国と言われていました。明治になり初めは荒川より西側は入間県、東は埼玉（さきたま）県と名がつけられました。そして明治4年（1871年）11月14日に今の埼玉県となりました。百年後1971年（昭和46年）を記念して制定されたのが埼玉県民の日です。

当時の人口は88万人でした。50年後200万人、それが現在は700万人を超えました。多分、増え方は日本一ではないかと思います。お父さんやお母さん、お爺さんやお婆さんが埼玉県以外の出身者だという人もたくさんいると思います。【聞くと五分の二くらいの児童が手を挙げる】

どうしてそんなに増えたのでしょうか。理由はいくつか考えられますが、平坦なところが多くて家が作り易い、働くところに通うのが便利である。大きな災害がなく、気候が良いということでしょう。

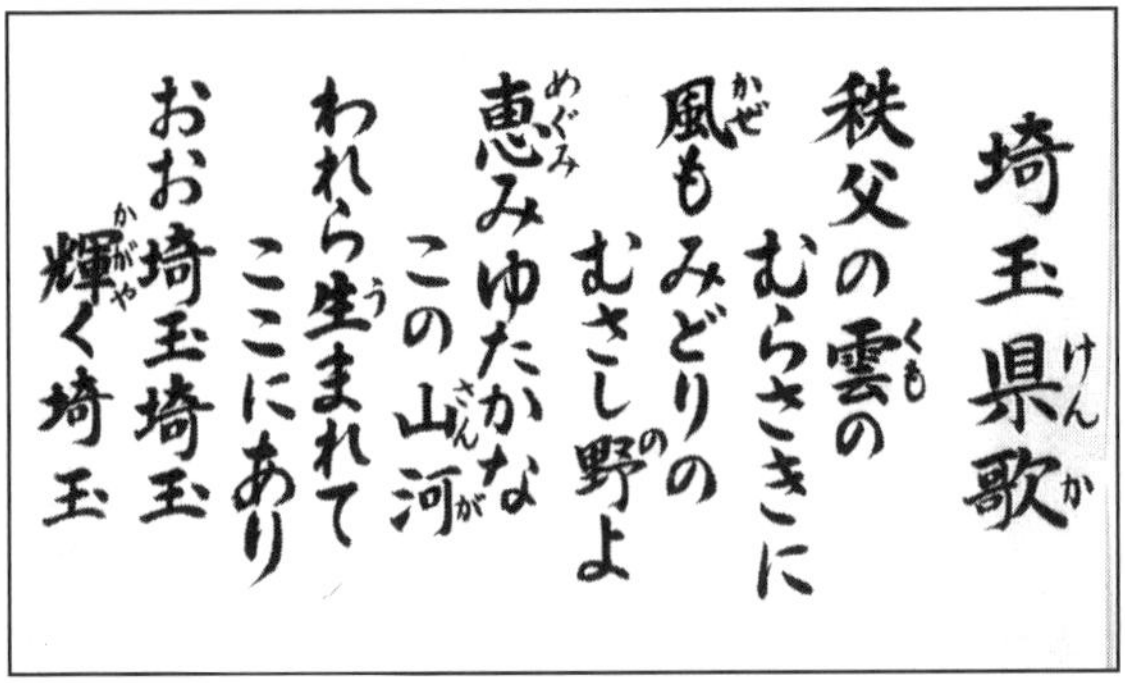

埼玉県《けん》歌《か》
秩父の雲《くも》のむらさきに
風《かぜ》もみどりのむさし野《の》よ
恵み《めぐみ》ゆたかなこの山河《さんが》
われら生《う》まれてここにあり
おお埼玉埼玉
輝《かがや》く埼玉

目立った観光地（火山、海や山）はありませんが、それは災害も少なく安心して、豊かに暮らすことができることです。一軒あたりの敷地面積が狭いとか、公園や病院の数など少なく不便なところもありますが、だんだん解消されるでしょう。元から住んでいる人の3.5倍の人々が、全国から埼玉県を選んで来たからです。その点、誇りを持って良いと思います。

では、埼玉県に住む人々の幸せと皆さんの明日を願って、埼玉県の歌を私が歌います。この歌詞を見て、一緒に歌ってください。全校朝会が終わった後、廊下の掲示板に貼っておきますから覚えてください。それでは歌います。

【模造紙に筆で書いた県歌を二番まで掲示し、体育館の演壇で高らかに独唱をする。大きな拍手をもらい、いい気分で降壇する】

整理整頓

'05年12月22日

吉見西小終業式

今日で二学期が終わりです。良い思い出がたくさんできたと思います。運動会、西小祭り、持久走大会はもちろん、毎日の勉強もしっかりできましたよね。

あと10日で、一年も終わりです。家に帰ったら何をしたら良いでしょうか。（片付けをする！　まとめをする！　身の回りの整理をする！などの声）

それはとても良いことですね。では、この字が読めるかな？

【〝整・理・整・頓〟を掲示】（「せいりせいとん」の声が多数あり）

あれ？　低学年でも読める人がいるんだね。こんな難しい言葉をよく知ってますね。では皆で声を揃えて、大きな声で読んでみましょう。

『せい・り・せい・とん』

今日は、この4つの漢字がどういう意味か、一つ一つ説明します。

整は？「ととのえる」という意味です。

理は？　理は理科の理、バラバラの知識をまとめて「ととのえる」という意味です。

整は？　前の字と同じ「ととのえる」です。

頓は？　ここまで言うと気づいた人もいるでしょう。頓も「ととのえる」

　4つとも「ととのえる」という意味なのです。

頓《とん》ととのえる
整《せい》ととのえる
理《り》ととのえる
整《せい》ととのえる

　家に帰ったら、お父さんやお母さんにも説明して、自分の机の上や引き出し、部屋を整理整頓しましょう。整理整頓してあると、「勉強をしよう！」「仕事をしよう！」と思ったとき、サッと取り掛かれます。

　これは大人だって同じです。机の上や身の回りの整理整頓が行き届いている人は仕事も良くできる人なのです。

　一月、また元気な姿で学校に来てください。校門で待っています。

いつもさわやかＮＨＫ

吉見西小始業式　'06年1月10日

明けまして、おめでとうございます！　冬休みはどうでしたか？　年末年始、楽しい日々が過ごせましたか。皆の元気な顔を見て、私はとても嬉しいです。担任の先生もとても喜んでいました。

今日から三学期です。この学期は他の学期と比べ期間が短くて、寒いので気を引き締めて生活しましょう。私は西小学校がもっと良い学校になって、皆さんが生活しやすいように目当てを作りました。

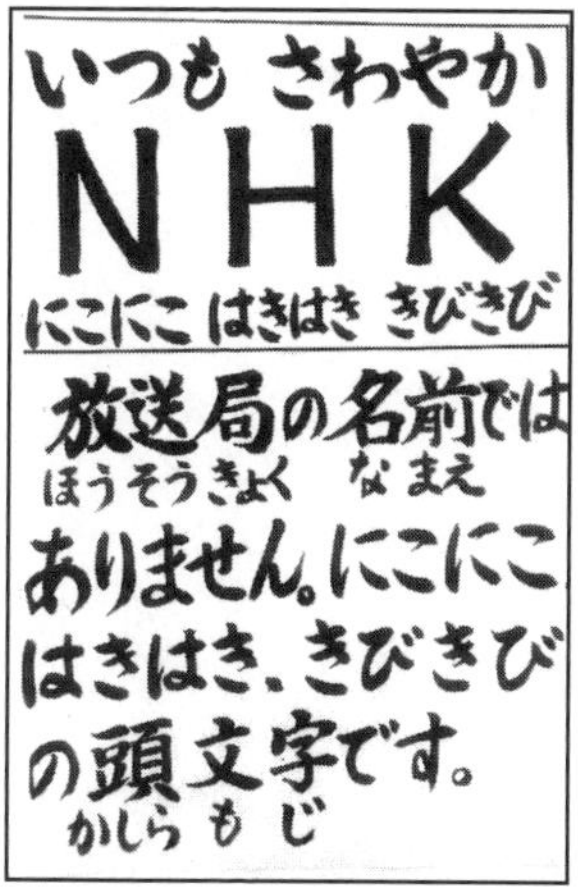
いつも　さわやか
NHK
にこにこ　はきはき　きびきび
放送局《ほうそうきょく》の名前《なまえ》では
ありません。にこにこ
はきはき、きびきび
の頭文字《かしらもじ》です。

書いてきたものを掲示しますから、大きな声で読んでください。

『いつもさわやか』これは誰にも読めますね。

それでは今度は難しいからな。ローマ字だぞ。『Ｎ・

Ｈ・Ｋ』読める人は手を挙げて。「アッ！」そんなに読めるのか。低学年の人や、まだ読めない人にカタカナで書いてきました。『エヌ・エイチ・ケイ』【あとで掲示する】、それでは「いつもさわやかエヌ・エイチ・ケイ」と言ってみましょう。

ＮＨＫというのは放送局の名前ではありません。Ｎは『ニコニコ』、Ｈは『ハキハキ』、Ｋは『キビキビ』の頭文字を意味しています。

最後に『いつもさわやか、Ｎ・Ｈ・Ｋ、ニコニコ・ハキハキ・キビキビ』これを三度繰り返してください。【繰り返させる】

元気があって、いいねえ！

その調子で、勉強にも運動にも、掃除のときにも気持ちよく取り組めば、今年もきっと良い年になりますよ。

持久走大会

ぼくは今、
きんちょうしています。
それは　けさ
おとうさんから
「持久走大会
がんばれよ。」
と言われたからです。
ピストルがなりました。
門を出たら苦しくなり
坂ではもっと苦しく
なりました。
でも校長先生が
「苦しいのはあたりまえ。」
と話してくれたのを
思い出し
がんばりました。

心（こころ）

吉見西小全校朝会　'06年2月6日

今日は〝こころ〟について話します。皆は心がどこにあると思いますか？（ほとんどの児童は胸を指す）そうだよね、多くの人は胸にあると考えています。実際は頭で考えるものです。〝こころ〟の持ち方という言い方もあるくらいですから形があると考えても不思議ではありません。それでは、どんな形かと言われると説明に困ってしまいます。

こんな歌があります。この歌は吉永小百合という歌手の歌で、私はこの歌が大好きです。では歌ってみますから聞いてください。

【模造紙に筆で書いた歌詞を掲示し独唱する】

寒い朝

北風吹き抜く　寒い朝も
心ひとつで　暖かくなる

♪寒《さむ》い朝《あさ》も心《こころ》ひとつで
暖《あたた》かくなる♪」「心とは笑《え》顔《がお》」
「おはよう」「はい」「ありがとう」
「私《わたし》がします」「ごめんなさい」
「失礼《しつれい》します」「すみません」

清らかに咲いた　可憐な花を
緑の髪にかざして　今日もあ・あ・あ
北風の中に　呼ぼうよ　春を
北風の中に　呼ぼうよ　春を

この場合の〝こころ〟とは〝気持ちの持ち方、考え方〟を意味しています。詳しく言うと春の様子を思い出すとか、炬燵に入る気分、お父さんやお母さんの子にかける思い、親切にしてもらい嬉しくなったことなど、いろいろ思い浮かべてくださいね。

さて、身の回りの生活で考えてみます。心そのものに形がありませんが、言葉には表すことができます。『お早う。ありがとう。失礼します。すみません。ごめんなさい。はい、私がします。ニコニコッ』などがあります。

それでは、これらの7つの言葉を私が指しますから、みなさんは声を出して読んでください。ニコニコッは読むのではなく顔で表現してくださいね。【次々に、掲示された言葉をサッサッと指す】　合格！

このような言葉が出てくると、心が暖かくなります。教室にも掲示して置きますから、毎日口ずさんでください。

自慢にはならない頑張った話

夏休みのプール指導時、６年生の一人の女子の泳ぐ姿は光っていた。私は五年生の男子に勝った自信から、この女子児童に挑戦した。ところが種目は自由形ではなく百メートル個人メドレーだと言う。バタフライと自由形程度にしとけば良かったが、四種目は辛かった。

最初のバタフライは僅かな遅れで済んだものの、これで精根尽き果ててしまった。次の背泳ぎは私の一番苦手とするもの、しかもコースロープは張っておらず、プールを右に左にくねくね曲がりターンができない。そうこうしているうちに、その子は平泳ぎと自由形を終えてゴールしてしまった。

五十メートル以上の差をつけられて完敗、せめて背泳ぎの前に平泳ぎと自由形だったら二十メートルくらいの差で最終の背泳ぎに入れたのに。ジュニアオリンピックの代表の強さを改めて知らされた。

タバコの話

吉見西小全校朝会　'06年3月7日

おはようございます。今日は普段の話と違ってタバコのことです。皆さんはタバコを吸ったことがありますか。（「いませ〜ん」の声）いや、吸っているかも知れないですよ。（注）

うちの娘は2年間、オーストラリアに住んでいました。帰ってくるとき「土産は何が良い？」と聞かれたので「オーストラリアのタバコの空箱！」と言いました。私はタバコを吸わないからです。タバコの箱になんて書いてあるか、小学生の皆さんに見せたかったからです【タバコの空き箱を見せる】。

さて、日本の箱にはなんて書いてあるか知っていますか？

【ここからパワーポイントで映す】

『健康のため、吸いすぎないように注意しましょう』

（1）喫煙はあなたにとって、肺気腫を悪化させる危険性を高めます。

（2）タバコの煙はあなたの周りの人、特に乳幼児、子供、お年寄りなどの健康に悪影響を及ぼします。周りの人の迷惑にならないように注意しましょう。

(3) 喫煙はあなたにとって、心筋梗塞の危険性を高めます。悪くなる危険性があるとごまかす表現をしています。

(1) ですが、肺気腫というのはガンのことです。

(2) は大人なら心配はないというような言い方をしています。もちろん、一番体に良くないのは吸っている本人です。

(3) これは周りの人は心配ないように思えますが、同じ部屋にいる人は皆危険です。

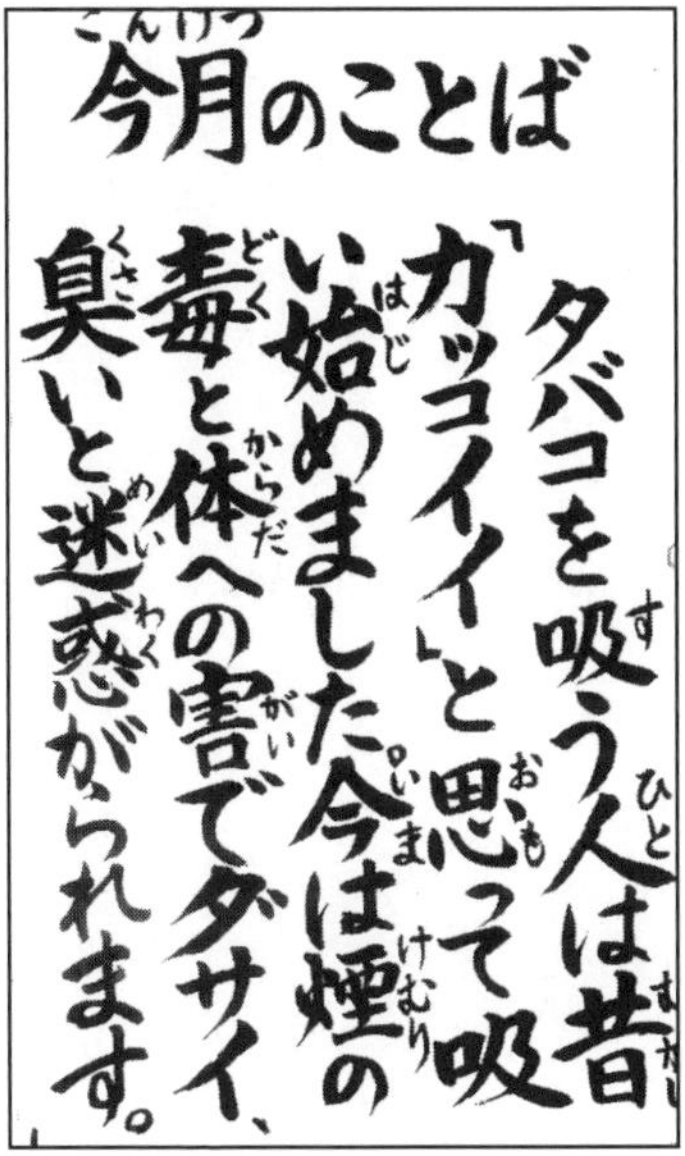
今月《こんげつ》のことば
タバコを吸《す》う人《ひと》は昔《むかし》「カッコイイ」と思《おも》って吸い始《はじ》めました。今《いま》は煙《けむり》の毒《どく》と体《からだ》への害《がい》でダサイ、臭《くさ》いと迷《めい》惑《わく》がられます。

さて、次はオーストラリアのタバコにはどう書いてあるか説明します。項目は2つだけですが『Smoking Kills』ずばり、「喫煙は人を殺します」です。説明は英語で書かれていますので、日本語に訳します。

1　煙草を吸うことは、あなたが他のどん

な麻薬を吸うより多くの病気を引き起こし、早死をさせます。

2　煙草を吸うことは、あなたが自動車事故で死ぬよりも4倍も死ぬ率が高くなります。

次は小学生の皆さんにも分かりやすく書きます。

（1）病気になりやすくなり、その毒は麻薬より危険です

（2）頭に血液が行きにくくなります（勉強しても頭が良くならない）

（3）持久走が速くなりません（体に酸素を運びにくい）

（4）成長が遅くなります（背が伸びにくい）

（5）早死しやすくなる。吸っている人だけでなく、周りの人も早死するようになります

『これでも、大人になったらタバコを吸いたいですか？』

今日は家に帰ったら家族にこのことを話してください。吸っている大人がいたら、吸わないようにお願いしてください。

注：私は朝の挨拶を子ども目線でするために、片膝をついて、背の低い一年生に合わせ

て、朝の言葉掛けをしていました。

ある日、小さな子に近づいたところ、衝撃を受けました。〝な・なんと！〟

一年生の服からタバコの匂いがしてきたのです！　臭い匂いを服に染み着けて登校する児童がいる！

追加：今回の全校朝会から、要点はパワーポイントで掲示、説明しました。話だけでは誤解をする保護者も考えられるので、学校だよりに掲載し保護者に伝えました。

学力をつけるためのA・B・C

吉見西小全校朝会　'06年5月2日

この学校の目標（め・あ・て）は「やさしく　かしこく　たくましく」です。担任の先生はこの目当てを頭に入れ、児童が「こうなってほしい」と思いながら授業をしています。皆さんも、こうなるためにはどうしたらよいか、私の話をよく聞いて、毎日を過ごしてください。

【この日は背景も入れ、全面的にパワーポイントを使って説明する】

凡事大事（ぼんじ　だいじ）の説明

凡事＝毎日の生活をする上で誰にもできるちょっとしたこと、あたりまえなこと、かんたんなこと

例：あいさつをする　親切にする　ありがとうと言う
時間をまもる　そうじをする　話を聞（聴）く

交通ルールを守る　服装を整える　時間になったら着席する
大事＝大きなこと、時間のかかること、簡単にはできないこと、何年も心掛けてやっとできる難しいこと
例：学力をつけること　健康になること　強くなること　大きな仕事をすること　目的を成しとげること　親孝行をすること

最後に、今日の話の中で、学校でする大事なことは学力をつけることです。そこで、〝学力をつけるためのA・B・C〟（頭文字）を覚えてください。

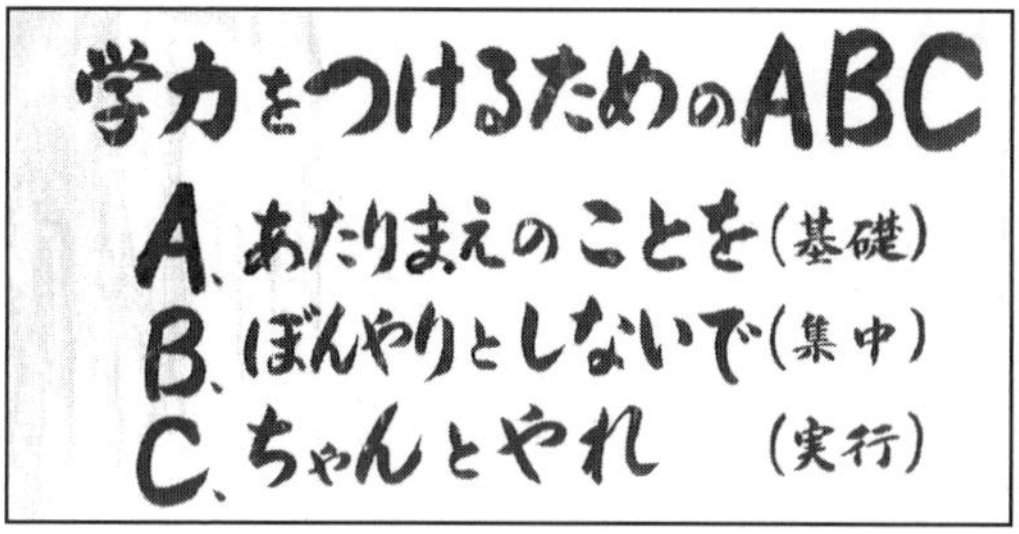
学力をつけるためのABC
A、あたりまえのことを（基礎）
B、ぼんやりとしないで（集中）
C、ちゃんとやれ　（実行）

【まだまだパワーポイントを使い切れてなかったが、子どもたちは次にどんな文字や絵が出てくるか、集中していた。自分は得意満面になっていた】

引き渡し訓練の〝め・あ・て〟

児童への引き渡し訓練、事前指導

'06年5月23日

今日はなんの訓練か分かっているかな？　お父さんやお母さんが迎えに来てくれて、車に乗って帰る日ではありません。【駄目を押す】

大きな地震が起きたり、火災や水害が起きたりしたとき、どうしたら皆を安全に帰せるかを、先生と家の人と皆さんで考える日なのです。大きな地震や災害が起きると道路が割れたり、電柱や塀や木が倒れたりします。

大地震が起きると歩くのはもちろん、車は道を通れません。道の割れ目に飛び込んだり、カーブを曲がりきれず道から飛び出したりするかも知れません。

これまでの大地震ではブロック塀や家が倒れ、何人も亡くなっています。そういう被害に遭わないために、家に帰る途中、親子でどうすると良いかを考える日なのです。

私はこの学校に来た最初の年、大きな失敗をしました。学校の周り中の道路が迎えの車でいっぱいになり、近所の人から注意の電話をたくさん受けたのです。

違法駐車の車が一杯になると、緊急の車（消防車や救急車）が近づけず救助ができなくなります。ですから今年は車で迎えには来ないように家族の人に頼みました。自転車か歩きで来るよう言ってあります。

だから、帰るときは迎えに来てくれた家の人と「この場所が危ないね」とか「電線が落ちていたらどうするか」などを話し合いながら、歩って帰ってください。間違っても「車で早く帰れてよかったね」「食事とお買い物でもして帰ろうか」という日ではありません。

人の目の位置

吉見西小全校朝会　'06年10月5日

「楽な姿勢にして、こちらに体を向けなさい。」（毎回言う言葉）

【A3に伸ばした数種類の獣類と鳥類の写真を用意】

今日は動物の写真を見せますから、その名前と何を食べるか言ってください。これはなんだか分かるかな？「フクロウ！」そうですね。何を食べているかな？「ネズミ！」これは何かな？「ウサギ！」何を食べるかな？「ニンジン！　草！」

これは何かな？「トラ！」トラは何を食べるかな？「動物の肉」。この鳥はなんだか分かるかな？　ちょっと難しいですから、ヒントを挙げます。畑の上の方で囀る吉見の鳥です。「ヒバリ！」これは何を食べるか知っていますか？「虫！」そう、周りを飛ぶ小さな虫を食べますね。

それではこれらの動物の目の位置に注目してみましょう。トラやフクロウは目がどこに付いていますか？　前ですか横ですか？「前！」そうですね。他にネコも前に付いています。それではウサギやヒバリはどこに付いていますか？「横！」他にもスズメやニワトリ、ネズミも目が横に付いています。

ではなぜ、肉を食べる動物は目が前に付いているのでしょうか？（あゝだの、こうだのという声）これは自分が狙った獲物をじっと見つめ、いつ飛びかかるか距離を測っているのです。

一方、目が横に付いているウサギやヒバリ、スズメやニワトリは草や虫を食べます。その時、周りを見ないで食べていると自分より強い動物に狙われます。だから、いつも周りをキョロキョロ見て狙われていないか、気をつけているのです。

目《め》が顔《かお》の横《よこ》にある動物《どうぶつ》は、いつもキョロキョロしている。目が前《まえ》にある動物は、注意《ちゅうい》を集中《しゅうちゅう》して相手《あいて》を見《み》つめ、声《こえ》を聞《き》く人間《にんげん》は？

動物の目が顔のどこに付いているかで何を食べているか、強い動物か弱い動物かが分かります。

さて、ここで皆さんに質問です。「人間の目の付き方はどちらのグループに入りますか？」「（一斉に）前！」人間は肉を食べるだけではなく、野菜を食べたりするのに、目は前に付いているんですね！　なぜでしょうか？

それは、人間は食べることだけでなく勉強もする必要があるからです。先生や友だちと話をしたり聞いたりするとき、話す人の方を見つめる必要があるからです。

先生の教えを聞くとき、反対の方を見ていては頭に入りません。だから私は話をするたびに「こちらに体を向けなさい」と言うのです。

分かりますか、首だけ先生の方に向けても体が違う方を向いていると、いつの間にか目も違う方を向いてしまいます。

「人間は肉食動物の目を持っている」

授業中は先生の方を向いていれば話がよく聞けるのです。

分かりましたか？　「ハ〜イ！」　本当に分かった人は手を上げてください。何人か、手の上がってない人がいるな。「今、手を上げてない人は校長先生がもう一度、しっかり教えるから、ここに残りなさい。」

（しかし、残った人は一人もいなかった）

なぜ並んで避難するのか

吉見西小避難訓練　'06年10月6日

前回の避難訓練はどんな話をしたか覚えているかな？　すると、児童の中から「お・か・し・も」という声が聞かれる。流石だなあ。よく覚えていたねえ。

最初の〝お〟は押してはいけないでした。なぜ、押してはいけないか。その日、校長先生は「理由は次の全校朝会で実験しながら説明します」と言いました。今日は約束の日です。全校朝会の演壇で実験を見せながら説明するのは西小の校長先生だけ、他にいません。

この箱は「前の人を押したり、俺だけが先に出るんだ」とかき分けたりしてはいけない事が分かる実験装置です。

（図のように縦70㎝、横80㎝、奥行き15㎝位の箱、前面は透明のプラスティック、後面は板が張ってある）。

避難《ひなん》訓練《くんれん》で建物《たてもの》から出《で》るとき、なぜ並《なら》ぶのか。皆《みな》がわれ先《さき》に出ようとすると押《お》しあいがおこり、出られなくなる。

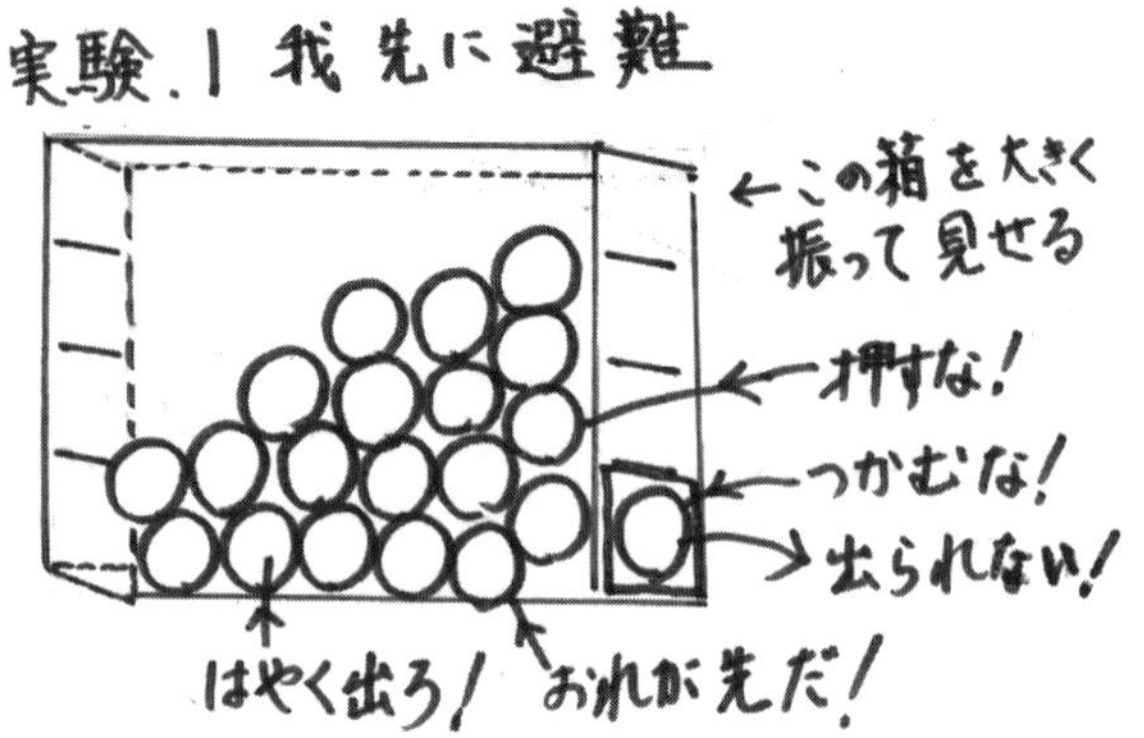
実験.1 我先に避難
←この箱を大きく振って見せる
押すな！
つかむな！
出られない！
はやく出ろ！
おれが先だ！

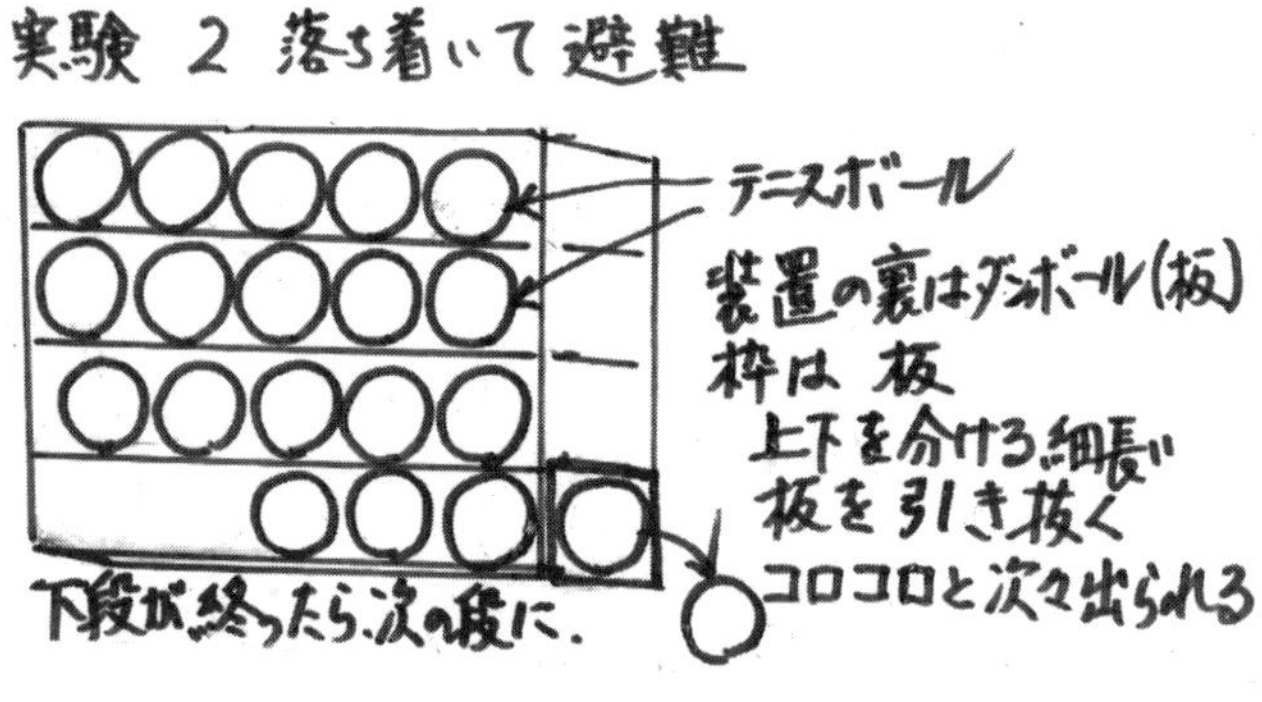
実験 2 落ち着いて避難
テニスボール
装置の裏はダンボール（板）
枠は 板
上下を分ける細長い板を引き抜く
コロコロと次々出られる
下段が終ったら、次の段に.

この中に四十個ほどのテニスボールを入れます。ボール一つ一つが人間と思ってください。

このとき部屋で火事が起こります。「ワーッ！ 火事だ！ 火事だ！」すると人は大騒ぎ【箱を大きく揺らし、中の人間が慌てふためく様子を表す】です。

そして人々は罵り合いながら、出口に殺到します。早く出ろ！ 俺が先だ！ と前の人を押したり、掴み合ったり、かき分けて我先に外へ出ようとします。しかし、ボールはほとんど外に出られません。

今から三十年ほど前、大阪の千日デパートビルで起きた事故です。人は出口に殺到してもみ合い重なり合い、百人の大人が炎に巻き込まれ死にました。ちょうど、この実験のようなことが起きたのです。

一方、皆さんの教室では児童は一列か二列でスイスイと早足で避難をしました。それをこの実験装置で見せます。（ボールを一列ごとに区切る水平の板を入れてある）【下から順番に板を引き抜き、箱を傾ける。するとボールは全てコロコロと転がりながら外に出る。一列が終わると次の板を引き抜く。すると、また能率よくボールは外へ出ていく】

出口が広いときは一列になる必要はありませんが、みんなが我先にと争って出ようとすると、かえって被害が大きくなるということに気づけたと思います。

校長先生の宝物

西小学校全校朝会

'06年11月7日

皆さんは宝物を持っていますか？（教師はもっと自分を出せと言われる。そこで、いよいよ校長生活も終わりに近づいたので、とっておきの宝を見せる時と判断したのが今日の全校朝会）

皆は担任の先生に「次は作文の……」と言われると「エエ〜作文かよ」とか「ヤダなあ」とか「大変だなあ」と思う人がいるかも知れません。

実は校長先生もね、小学や中学時代、国語は苦手で〝国語の時間のない国〟へ行きたいと思っていました。それは学校へ行っている間中続きました。

先生になって二年目の年に、こんな薄っぺらな文集【実物を次々に見せながら】を書きました。すると作文や詩を書くことが面白いと気づきました。次々と【詩集、文集を見せながら】冊子を作りました。面白くて、面白くて〝♪どうにも止まらない♪〟状態になっていました。

作文を書くときはあまり難しく考えないで、思ったことをそのまま書きましょう。面白かったこと、悲しかったこと、どうしてそう思ったかなどそのまま書けば良いのです。書き終わった作文や詩、絵も捨ててしまわないで、一年ごとにしまっておくのです。そうすれば宝物は次々と増えていきます。

〝校長先生の宝物〟は私が四十年掛けて書いたものが中心です。埼玉県中の校長先生で、これほど宝物を持っている人は一人もいません。多分、日本中探してもいないと思います。最近は本も出版するようになりました。すると私の書いた本が新聞や雑誌に載り、テレビやラジオで放送されました。これらの本は校長先生の宝物中の宝物です。

これまでに書いた下書きのノートは百三十冊、作った冊子も百冊を超えています。全校朝会で全部は見せられません。来週の〝西小学まつり〟で展示しますから見てください。ただ、会議室に展示した物は〝まつり〟が終わると片付けてしまいます。一週間は廊下のホールに並べます。自分の子供に読んであげた本も学年別に見せます。

家に帰ったら、家族の人に〝校長先生の宝物〟のことを話し〝西小まつり〟に来るように伝えてください。

追加１：後日、低学年の児童が近づいて来て「校長先生のうちはどれだけ広いのですか？」

「毎日展示しているわけではないんだよ」という会話がありました。

追加2：西小まつりで展示した宝物

一クラス分の教室、全部を使っての展示は単なる自慢話ではなく、日頃から教育委員会や県の上層部の人々が言っている『教員はもっと自分を出すべきだ』という言葉に従って、日頃の自分を地域（世間）や子どもたちに示したものです。（個人が勝手に公共施設を使用したのではないのです）

内容は「全校朝会の要点（A３）や模造紙に書いた掲示用の詩・歌詞など数百枚、全校朝会・入学式・卒業式・体育祭に演壇に掲示した贈る言葉」など、模造紙に書いた部活の応援旗、理科の授業に使った岩石、地層・火山などの写真、二十メートルにまとめた私の年譜、毎年の年賀状の文、子供に読んであげた本（数百冊）、超えてきた山々（百数十峰）、アルバム（三十冊）、四十年間のメモ帳百三十冊、作った冊子百冊、現職時代に出版した本三冊などである。

こかいかつ記念館
教育にかけた
37年間の足跡

37年間の
記録ノート
(その4)
37年間の
記録ノート
(その3)

研究とは記録することから始
全校朝会
話の題目
(中学校用)
Smile&Smile
今月の言葉

きょうは木曜
イーチャイム
がんばりタイム
たてわり活動
参観日《さんかんび》
歩《ある》いて帰《かえ》ろう
自分《じぶん》の足《あし》で
あいさつ運動標語
(西小3年間で使用したもの)

親の言うようにはしないがするようにする
全校朝会要旨
教室掲示用
今月の言葉
「ありがとう」って言うとなにか心がほっとする。教えてくれた人、遊んでくれた人、協力してくれた人、育ててくれた人。
入学進級おめでとう。学校はたのしい、勉強はおもしろい、みんなが仲よくなれるように、あいさつをしっかりしよう。
人間は草食か肉食か
子供の力は家庭で伸
全校児童への説明に使用した

三つのお願い

七つの祝い挨拶

'06年11月10日（中央公民館）

七つの祝いを迎えたよいこの皆さん、おめでとうございます。そして保護者の皆様、本当におめでとうございます。お祝いの言葉は先の三人の方からありましたので、私は6つの小学校を代表してお父さん、お母さんに〝三つのお願い〟をいたします。【話が長くなるのは覚悟して】

今、お父さんやお母さんの関心事はいくつまで数えられるか、足し算がどのくらいできるか、字がどれだけ読めるかだと思います。それはとても大事なことですが、これから私の言うことは学校生活で最低限必要なことです。

一つ目は挨拶のできる子に育ててほしいということです。家庭は家族だけの関係ですが、学校は友達、先生、上級生との広い関係に広がります。そこでは多くの人とのコミュニケーションが必要になります。

その第一歩が挨拶なのです。挨拶ができないと会話が生まれません。挨拶のしっかりできる子は暴れたり、むやみに喧嘩やいじめをしたりしません。

二つ目は掃除のできる子です。高校へ行き、すぐ中退する生徒が多数います。彼らは勉強よりも仕事や作業など辛いことが嫌いなのです。家の手伝いをたくさんさせてください。いろいろな手作業をすると脳も鍛えられ、苦しい仕事にも耐えられます。

三つ目は読書をする子に育ててほしいことです。例えば一日に五冊ずつ読み聞かせをしたとします。その絵本の厚さが一㎝だとしたら、一年間に十八ｍにもなります。十年間で百八十ｍになります。その知識が頭にあるのとテレビだけ見ているのとでは、どれだけ大きな違いになるか考えてみてください。

さらに本の読み聞かせは、知識だけでなく集中力が育ち、授業中先生の話をしっかり聞けるのです。

以上の三つを実行するのは難しくはありません。「〇〇ちゃん、挨拶は?」と要求するのではなく、自分がすれば良いのです。仕事も読書も子供と一緒にすれば良いことです。少しも大変なことではありません。三つのお願い、頭の片隅に留めておいてください。

本日はおめでとうございました。

三つの〝姿勢を正す〟

吉見西小全校朝会　'06年12月5日

今日は「〝姿勢を正す〟と良いことがあるよ」という話を三つします。

【壇上に机と椅子を用意、三つの姿勢を正すという字も筆で模造紙に清書しておく】

一つ目は「歩く姿勢を正す」です。冬、外に出ると、指が冷たくなってきます。そこでポッケに手を入れる人が増えます。すると歩き方がこんなふうになります【実演する、以後同じ】。これでは「今日は学校へ行って頑張るぞ！」という気持ちにはなれません。「なんだかやる気が起きないなあ。学校は面白くないなあ」という気持ちになってしまいます。ですから、冬になったら必ず手袋をしましょう。そして、胸を張って、手を振って登校しましょう。こう歩くとやる気が湧いてきます。自信も湧いてきます。

二つ目は「立つ姿勢を正す」です。全員が声を出して読んでみましょう。はい！（低学年からも声がよく聞こえる）あら！　皆よく読めるんだね。授業のはじめに皆さんは挨拶をします。その時、こんな格好ではどうでしょう。これでは最初から勉強しよう！という気持ちは湧いてきません。

それに、先生に対しても失礼ですよ。皆が正しい姿勢で「お願いします！」と言うと先生も「しっかり授業をしなくては！」と思います。

三つ目は「座る姿勢を正す」です。私は皆さんが勉強をしている姿をいつも見ています。ほとんどの人はこのように座って【実演する】先生の話を聞いています。

ところが、そうでない人も少しだけいます。こういう格好で机に向かっていると、眠くなったり、やる気が無くなったりします。これでは学習が進みません。

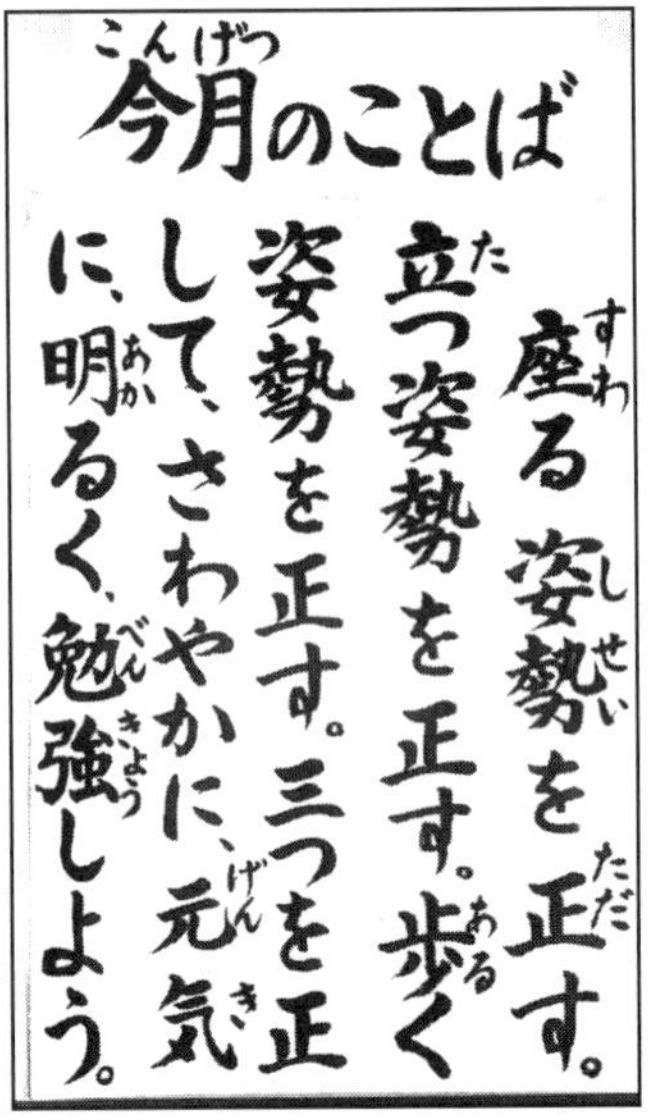
今月《こんげつ》のことば
座《すわ》る姿勢《しせい》を正《ただ》す。歩《ある》く
立《た》つ姿勢を正す。
姿勢を正す。三つを正
して、さわやかに、元気《げんき》
に、明《あか》るく、勉強《べんきょう》しよう。

せっかく朝早く起きて、寒い中を歩いて学校へ来たのです。姿勢を正し、勉強をしっかりして帰りましょう。

それでは、三つの言葉を続けて読んでください。三回目は目をつむって言ってみましょう。

よく言えた！　終わりにします。

言葉を正す

吉見西小全校朝会

'07年1月16日

前回の全校朝会で〝三つの正す〟の話をしました。覚えていますか？　ちょっと復習をしてみましょう【児童に思い出させ、発表させる】。そうです。本当は一度に話したほうが良いのですが、多すぎると覚えにくいので、今日はもう一つ、正したほうが良いものを話します。

それは「言葉を正す」ということです。言葉は自分の考えを発表したり、感謝の気持ちを伝えたりするのに必要です。また、相手の考えを聞いたり、友達と話し合ったりするなど生活をする上でも大切です。

ところが、言葉によっては相手に不快な気分を起こさせたり、悲しませたりするものがあります。どんな言葉があるでしょうか？

最近よく聞く言葉が「ムカつく」です。皆さんどうしの会話にもよく出てきます。授業参観日にもお母さん方の会話でよく聞かれます。この言葉は繰り返し、繰り返し使ってい

キャンプファイヤー
ダンスやゲームが
とても楽しかったです。
マイムマイムでは
♪「前横後横、前横後横」
「〃〃〃〃〃〃」
♪「前、前、前、前」
「暑いなあ」と思いながらも
♪「後、後」と
おどり続けていました。
とっても　とっても
とっても　とっても
楽しかったです。

ると、本当に心が荒れて、ムカムカしてきます。周りで聞いている人も次第にその気分にさせられるから不思議です。絶対使ってはいけない言葉です。

他にも「ウザイ」「キモイ」などの言葉があります。周りの人が使っているからと言って、意味を考えずに使っていると、いつの間にか人を差別したり、仲間はずれに加わったりする人になってしまいます。こういう言葉を使って得意になっている人を見ると、心がだんだん惨めになり、品のない人間になるのです。

きれいな言葉、優しくなる言葉、品の良い言葉を使っていると、自分の心だけでなく、周りが自然と爽やかになることに、気づく日が来ると思います。

スイッチを切る勇気

吉見西小終業式　'06年12月22日

今日は終業式、二学期のまとめの日でもあります。今日はこんなに長いものを持ってきました。なんだか分かりますか？「タケ！」はい、そうです。ではこの部分をなんというか知っていますか？「フシ！」漢字では〝節〟と書きます。【マグネットを貼ったカードと白板を用意】

人間の体にも節（曲がるところ）はいっぱいあります。ただ体の場合は節とは言わないで、関節と言っています。関節がないと体は柔らかく曲がりません。だからとても大事なところです。

ところが、タケの節は働きが違います。タケノコのときは体が柔らかいのに、背丈を十メートル位まで伸ばします。それでも折れたり曲がったりせずに、天に向かってまっすぐ大きくなれます。それはこの節があるからです。

さて、私たちの生活はタケと同じように節が必要です。入学式とか卒業式、始業式と終業式、一学期とか二学期などです。今日は二学期の終わりの日で一つの節と考えられます。

皆さんは明日からは冬休み、何日かすると家族の人たちも休みになるのでダラダラした生活になりがちです。テレビを見る時間も増えるでしょう。でも、際限なくダラダラ続けるのは止めましょう。

例えばテレビを見る時間、ゲームをする時間です。あまり続けるとテレビ脳とかゲーム脳になってしまい、頭がボーッとした状態、すなわち年をとって、物事の区別ができなくなった人の脳と同じようになってしまいます。小学生はこれから勉強をして頭を磨こうとしているときに、モノの区別がつかないような脳になっては困ります。

テレビやゲームは決まった時間がたったら、一度スイッチを切ることです。それがけじめ、すなわち節なのです。リモコンを切ると頭のスイッチも切り変わって、また新しいことができるのです。

皆さん自身はもちろん、家族全員で協力して、スイッチを切る習慣をつけましょう。これも一つの勇気です。簡単に言うと、一つの番組が終わったら、まずテレビを切ることです。

どろかぶら

吉見西小全校朝会　'07年2月6日

今日はいつもの全校朝会ではなく、「どろかぶら」という本を読みます。
【本当は絵本ではなく、画用紙を数枚持って座り、読み聞かせの格好をしている】

昔々、あるところに小さな女の子（ちょうど皆さんくらいの子）がいました。家が貧しかったので学校にも行けず、庄屋さんの家の子守をしていました。その女の子にはあだ名がありました。「どろかぶら」です。

頭や顔はもちろん、手も足も着物も泥で汚れていたので、周りから「どろかぶら」と言われ、毎日いじめられていました。「どろかぶら、どろかぶら」と囃し立てられる度に腹を立て、棒を持って意地悪をする子たちを追いかけ回していました。追いかければ追いかけるほど、子供達は面白がって囃し立てます。最後はいつも泣かされるのです。

そんなある日、白髪の旅人が通りかかりました。お爺さんは少女に尋ねました。「どうして泣いているの?」少女は答えました。「皆がおいらのことを『どろかぶら、どろかぶら』

と囃し立てて、いじめるの！」

お爺さんは言いました。「そうか、それではな「まず顔も髪もすべてきれいにしなさい。そして、どんなに『どろかぶら』と言われても、決して怒ったり、追い回したりしてはいけませんよ。ニッコリ笑って返事をしなさい。」

どろかぶらは次の日、お爺さんの言うことを守りました。すると、いじめっ子たちはさらに囃し立てました。その少女は怒って、これまで以上に追い回し、最後には泣かされました。

するとまた、先日のお爺さんが戻って来て言いました。「ワシの言うことを守れなかったね」。「だって…」と泣きじゃくりながら言いました。お爺さんは「もう少しの辛抱じゃ、我慢して明るく、笑顔で返事をしなさい。」こう諭すとどこかへ行ってしまいました。

今度は、「どろかぶら、どろかぶら」と囃し立てられても、決して怒りません。どんなに悔しくても我慢し、ニッコリ笑って、明るい返事をしました。

「ニコッ」と笑顔で周りを見回すたびに、いじめっ子たちは驚き、口々に叫びました。「アッ、どろかぶらが笑った！」。それからは何度囃し立てても、少女は怒って追いかけ回ることをしませんでした。子どもたちは、いじめることが面白くなくなりました。

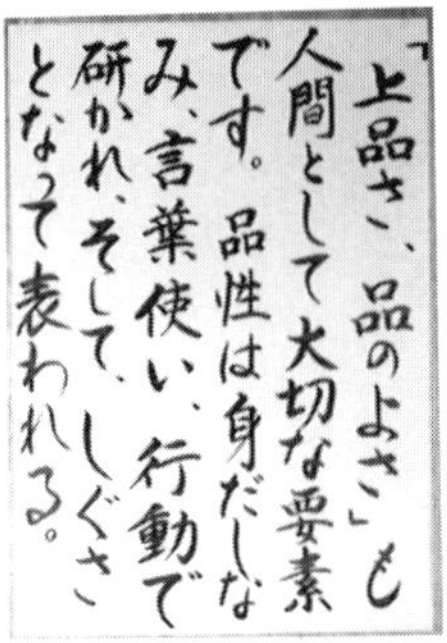
「上品さ、品のよさ」も
人間として大切な要素
です。品性は身だしな
み、言葉使い、行動で
研かれ、そして、しぐさ
となって表われる。

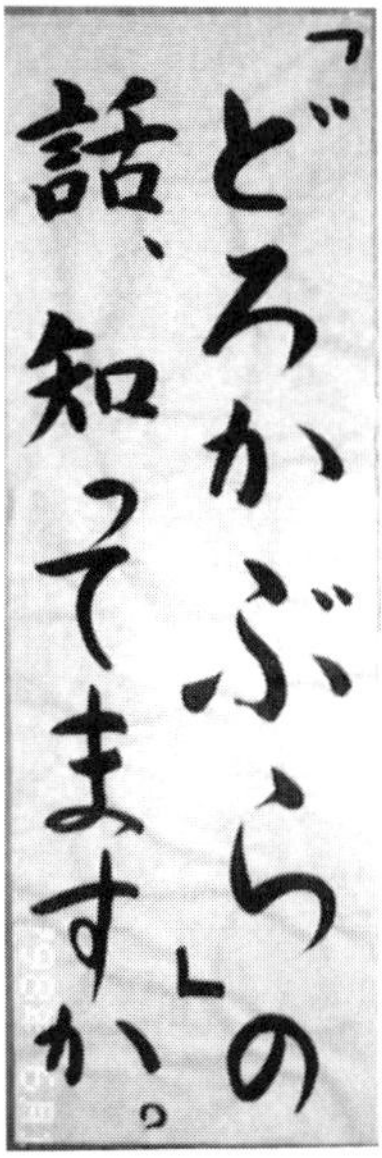
「どろかぶら」の
話、知ってますか。

少女はある日、庄屋さんの家にある鏡に自分の顔を映しました。すると、なんとあの泥で汚れた女の子は美しい少女に変わっていたのでした。

『とっぴんぱらりのぷう！　これでおしまい』

【すると児童たちは一斉に拍手をして喜んでくれました。全校朝会の話で、400人の児童に大拍手をもらったのは初めてです。私はすっかり舞い上がって、次も読み聞かせをする約束をして降壇しました。残された全校朝会は、あと一回】

三国一の娘と結婚した男

吉見西小全校朝会

'07年3月6日（最終回）

前回「どろかぶら」の話をしたところ、あまりにたくさんの拍手をもらっちゃったので、嬉しくなって今回もします。今日は世界の昔話から「器量の良い娘と結婚した男の話」です。

昔々、唐の国に器量の良い（容姿も気立ても、心も優しい）娘が居りました。それはそれは美しく三国一と言われるほどでした（三国とは日本とインドと唐のことで、唐とは現在の中国を指します）。しかも、その家は金持ちで、男なら誰もが結ばれたいと思っていました。

その家は世界中から、お婿さんを探すことになりました。大変な騒ぎで「我こそ」と思う若者が殺到しました。この主人公の男もなんとかして結婚したいと思っていました。

しかし、自分は服装や顔立ちも悪い上、金もなく諦めようとしました。どうしても諦めきれず、お金を借りて服を買い、床屋に行って髪を整え、身なりを良くしました。しかし、顔はそれ以上良くはできません。

そこで、若者は考えました。中国一の仮面づくりの男に「世界一の美男子の仮面を作ってくれ、金は後でいくらでも払う」と頼みました。こうして男は世界一の美男子になることができました。すると、娘はすっかり騙され、仮面をした男と結婚しました。幸い、二人は子供にも恵まれ、幸せな日々を過ごすことができました。

ところが、この男はもともと正直で心優しい男、嘘をつき続けることができず、告白することにしました。

「実は……」と話し始めました。すると、妻は夫の言葉を遮るように言いました。「分かっております。でもあなたは高貴な人でいるために、身だしなみはもちろん、言葉遣いから毎日の振る舞いまで、いつも正そうと心掛けていましたね。学問にも熱心に取り組んでいました。私は、そんなあなたが好きです。もう、嘘を続けるのはお止めください。」

そう言われても男は化けの皮を剥すのをためらいました。仮面を取って元の顔を見せたら離婚されるに違いない。これまでの努力が水の泡、幸せが消えてしまうことを恐れたからです。しかし、妻に促されて仮面を剝がしました。

妻は「アッ！」と叫びました。鏡を見た男も同じような驚きの声を挙げました。昔のようなブサイクな男ではなくなり、仮面と同じ端正な顔立ちの男に変身していたのです。男は長い間、言葉使いや振る舞いを良くして、器量の良い妻に見合うような夫になることを心がけてきたからです。そのため、すべて二人が望んでいた器量が身についていたのです。

二人はいつまでも幸せに暮らしたとさ。めでたし、めでたし、めでたし。

『とっぴんぱらりのぷう！　これでおしまい』

追加：今日は前回以上の万雷の拍手をもらい、さらに良い気分になった最終回でした。これで私の計画が100％終了しました。

元気《げんき》が
一番《いちばん》
月曜日《げつようび》

きょうは
火曜日《かようび》
音楽朝会《おんがくちょうかい》

朝自習《あさじしゅう》
自《みずか》ら学《まな》ぶ
木曜日《もくようび》

あしたは
休《やす》みだ
金曜日《きんようび》

あとがき

（1）運が良かった

児童（小学生）と交わりのない34年の中学校生活でしたが、吉見西小時代の三年間はこれまでと全く違う新しい体験が出来た。その始まりは校門での登校する一年生に対して、片膝ついての挨拶が始まりと言って良い。同じ目線に立てばいろいろな発見がある。

私が通勤に使用する車の中にはいつも自転車を入れて置き、時間がある朝は児童の登校の様子を場所を変えて走り回った。昨日は田甲、今日は和名コース。帰りも校門で見送ると同時に、毎回下校コースを変え、そのコースの一番遠い子を見送ることを繰り返した。多分、校区内の通学路で通ったことのない道はなかったと思う。

（2）自分のしてきたことへの評価

私の実践に対して、すぐ質問をされる。「効果はあったのか？」そんなことなんかどうでも良いではないか。何年も覚えていなくても、その時点で彼らの心に訴えるものがあればそれで良い。

ただし、断言できることが一つだけある。私が霞西中、白山中に赴任した年は後ろの方で、数人が背を向けておしゃべりをしたり、足元に靴で絵を書いていたりする生徒がいた（上野台中だけは最初からいなかった）が、どの学校も二年目以降は全くおらず、全員私の顔を見て話を聞いていた。

それが全校朝会（講話）というものだ。

（3）「効果があった。効果があった」

ホントかいな？　効果というのはそう簡単に表れるものではない。身近な例でいうと「総合学習の時間を一時間、英語に当てた」という研究発表だろう。英語にした後、アンケートを取ると「コミュニケーション能力が上がった。積極的になった」と発表する。研究発表が終わった後、すぐにアンケート調査をすれば子どもたちは「効果があった」と答えるに決まっている。

私は思う。それまでの総合学習の時間は何をしていたのだ。その発表ではこれまでの総合学習の時間の成果はまったくなかったと言っているようなものである。

もっとあてにならないのが2005年ころから行われた年間授業計画の〜（波）線の授業数である。事務所長などが学校訪問をして、その学校の特色を聞き出す。宮仕えも大変なもので、答えなければ後で何をされるかわからない。

そこで校長はいろいろ答えを用意しておく。でもね。～線の扱いで音楽、体育、美術など、思いついた科目を数時間変えただけで、本当に学校の特色になると思います？

ちなみに、自分の学校は～線は全て無視、文科省が最初に指示した数字のまま、変更なしで実施しました。

（4）これで個性は出せたかな？

いつの頃からか、始まりは覚えていないが、〝個性〟という言葉が幅を利かせるようになった。ただし個性には押さえておくべきことがある。教師は基礎基本をしっかり教え、生徒はしっかり身につけ、それを基盤に磨くのが個性である。

基礎基本が何かを理解せず、礼儀も作法も、最低限の知識も身に着けず、自由奔放に振る舞うのは個性ではなく、単なる野蛮、単なる野獣である。

ちなみに私が30年間、自分の肝に銘じていたものは、私が作った格言「個性のない教師に個性は教えられない」だった。

＜著者＞

酒井　克（さかい　かつ）

1946年　埼玉県比企郡東吉見村（現・吉見町）生まれ。

途中の人生は文中の記述で推測してください。現在73歳、世に言う古希も無事通過できた。明日のことは分からないので、今を精一杯生きる。

現在の職業は自称ＡＲＷ（After Retired Writer）、前作の「絶滅危惧種“昭和の少年”」は久しぶりのヒット。

次作は「新任教員のためのワンポイント講座50」、最終作は“辞世の書”「物言わぬは腹ふくるる業なれば」。

あとがきに「私ごときの葬儀に一日費やすのは時間の無駄。西に向かって、“南無阿弥陀仏”と三度唱えてください。地獄に落ちてもお釈迦様が極楽浄土に拾い上げてくれる予定」

鯰になりたかった少年は

—心を揺さぶる校長講話—

2019年10月25日　初版第一刷発行
著　者　酒井　克
発行者　山本正史
印　刷　恵友印刷株式会社
発行所　まつやま書房
〒355－0017　埼玉県東松山市松葉町3－2－5
Tel.0493－22－4162　Fax.0493－22－4460
郵便振替　00190－3－70394
URL:http://www.matsuyama－syobou.com/

ISBN 978-4-89623-126-7 C0095